Giuseppe Martinelli, CM

Nostro Signore, il Cristo, è Dio e uomo

Giuseppe Martinelli, CM

Nostro Signore, il Cristo, è Dio e uomo

Perché Nestorio non è riuscito a convincere i suoi avversari?

Edizioni Sant'Antonio

Imprint
Any brand names and product names mentioned in this book are subject to trademark, brand or patent protection and are trademarks or registered trademarks of their respective holders. The use of brand names, product names, common names, trade names, product descriptions etc. even without a particular marking in this work is in no way to be construed to mean that such names may be regarded as unrestricted in respect of trademark and brand protection legislation and could thus be used by anyone.

Cover image: www.ingimage.com

Publisher:
Edizioni Accademiche Italiane
is a trademark of
International Book Market Service Ltd., member of OmniScriptum Publishing Group
17 Meldrum Street, Beau Bassin 71504, Mauritius

Printed at: see last page
ISBN: 978-613-8-39109-8

NOSTRO SIGNORE, IL CRISTO, E' DIO E UOMO

Perché Nestorio non è riuscito a convincere i suoi avversari?

P. GIUSEPPE MARTINELLI

PRESENTAZIONE

Questo piccolo studio ci permette di entrare, se pur in punta di piedi, in un'epoca storica di grandi novità, soprattutto sul piano cristologico. I Padri della Chiesa, attraverso i vari Concili e studi teologici hanno tentato di rispondere all'interrogativo evangelico: "*Per voi chi sono*?". La risposta a tale quesito assume colori nuovi e differenti in base alla sensibilità, alla cultura e alla scuola di pensiero. Altro dato fondamentale da tener conto è quello geografico, dove tale dottrina o pensiero è stato concepito, sviluppato e destinato. Cirillo non poteva agire come Nestorio, Cipriano come Ilario; i Greci hanno una sensibilità, un vigore filosofico, che permette loro loro di surclassare la maggior parte dei Latini.

Ci siamo sforzati, tracciando il ritratto di Nestorio, di grattare il gesso nel quale le nostre convinzioni hanno costretto questo nostro antenato nella fede, impedendolo di vivere, di respirare, di essere sé stesso.

Se l'epoca in cui vissero Nestorio e Cirillo non è uguale a quella di altri grandi Padri, ancor meno è uguale alla nostra. Quindi, è impensabile avvicinarci a codesti uomini e al loro pensiero teologico con le nostre categorie teologiche e filosofiche.

Ogni volta che, nel nostro Occidente, scrive padre de Lucac, è fiorito un rinnovamento cristiano, nel pensiero come nella vita, è fiorito sempre sotto il segno dei Padri; credo che sia importante riconsidera tutto il materiale teologico che anche di altri Padri che nel corso dei secoli sono stati bollati con il marchio di eretici, anche se lo fossero, hanno contribuito nel bene e nel male a chiarire sempre di più chi è Gesù Cristo.

Se non vi fosse stato una diatriba così accesa tra Nestorio e Cirillo certamente non avremmo avuto le grandi dichiarazioni dottrinali su Cristo e su Maria e sulla loro relazione.

Ciò che potrebbe suscitare nel lettore di oggi tale studio è lo stupore di come sia stato possibile riscontrare, nonostante la diversità di vedute e di pensiero, che entrambi erano attenti a Gesù Cristo e agli uomini del loro tempo. Ma non ci dobbiamo scandalizzare dello spessore a volte basso di umanità e della poca azione dello Spirito

Santo in alcune decisioni attuate dallo stesso Cirillo, ma ciò che deve catturare la nostra attenzione è la passione che entrambi avevano per la verità che è sostanzialmente passione per Gesù Cristo.

In questa grande diatriba non c'è nessun vincitore e nessun perdente, anche se stando a fatti storici c'è un vincitore e un condannato, ma c'è solo una Verità che si è fatta strada attraverso la fragilità umana, capace di rivelare proprio nella piccolezza la grandezza di chi è ancora una volta Gesù Cristo per noi.

Spero che entrando, senza pregiudizi storici, in questo frammento di pensiero cristologico possiate incontrare non due uomini semplicemente in contrasto, ma due uomini assetati di Verità, quella che diventa Via e Vita. Inoltre, spero ancora che si possa riapprezzare il pensiero, anche se non nella sua totalità, di un uomo che ha voluto difendere a tutti i costi, a discapito anche della sua reputazione, il concetto di Cristotòkos.

Certo in ogni buona diatriba c'è sempre una separazione dalla quale nasce qualcosa di nuovo e non sempre legittimo e condivisibile, ma nel corso dei secoli sono stati tanti gli sforzi fatti ad esempio tra le due Chiese: Roma e Assira d'oriente. L'ecumenismo ha facilitato l'incontro e ha portato ad una accoglienza reciproca eliminando il linguaggio della scomunica e adottando quello della comprensione.

Tale scritto non ha alte pretese o ambizioni di spessore, ma semplicemente quello di aiutare il lettore a vedere con lenti rinnovate un pezzo della nostra storia patristica.

P. Giuseppe Martinelli

INTRODUZIONE

Da sempre l'uomo ha sentito la necessità di conoscere, di sapere e soprattutto di dare risposte alle domande di senso (Perché la vita? Perché la morte? Esiste Dio?...) e questo suo bisogno ha contraddistinto sia la filosofia che qualche religione.

Platone parlava della filosofia non come forma di sapienza posseduta, ma come amore per la sapienza, un amore teso verso la ricerca continua della verità; il cristianesimo, invece, nell'imporsi come nuovo cammino verso la verità, accanto a quelli già esistenti, introdusse concetti nuovi per una ricerca autentica delle verità di fede.

Nella storia dello sviluppo del dogma cristiano il IV secolo appare come l'epoca delle grandi controversie trinitarie: all'errore di Ario che faceva del Verbo (*Logos*) la prima creatura di Dio, intermediario tra il Padre e il mondo, la Chiesa rispose affermando al concilio di Nicea (325) che il Verbo era consustanziale al Padre ed eterno come lui, delineando dunque i grandi tratti del dogma trinitario, fissati appunto nel Credo niceno.

Il secolo V vide svilupparsi anche una lunga controversia riguardo ad un altro mistero quello di Cristo, Verbo fatto carne, Dio e uomo. Come poco prima si doveva affermare la distinzione tra il Padre e il Figlio e insieme la loro uguaglianza nell'unica natura divina, così allora fu necessario sostenere l'unità di Cristo nelle sue due nature, affermare che egli è insieme Figlio di Dio e Figlio di Maria e che è vero Dio e vero uomo. A questo profondo mistero cristologico risposero, in modo particolare, due scuole di pensiero teologico: Alessandria e Antiochia, e, a sostegno di queste scuole vi furono due figure di patriarchi, Cirillo e Nestorio, con i quali ebbe inizio un periodo di forti diatribe cristologiche.

Sarà mio compito mostrare, in questa ricerca, le diverse correnti dottrinali che si fronteggeranno, indicare le tappe successive del progresso dogmatico e richiamare nello stesso tempo il significato religioso delle questioni sollevate. Inoltre, dovrò indicare le ripercussioni dei Concili sulla vita della Chiesa, lo sviluppo della stessa istituzione conciliare, il ruolo svolto dei vari vescovi orientali e occidentali e il ruolo della politica. Andranno messe adeguatamente in luce le grandi figure di Atanasio, Cirillo, Nestorio, Leone e Teodoro di Mopsuestia.

Questa presentazione è ovviamente molto schematica: in realtà le cose sono state assai meno semplici.

Ciò che mi ha spinto ad avventurarmi in questa spinosa questione cristologica è stata la ricerca storica moderna che ha riconsiderato il confronto tra Nestorio e Cirillo di Alessandria. La lettura di alcune reinterpretazioni ha acceso in me la curiosità di conoscere realmente chi fosse Nestorio e soprattutto quale fosse la sua cristologia.

La storia ci ha insegnato e ci insegna che nell'evoluzione della teologia è accaduto più volte che sorgessero pensatori dall'autorevole personalità, che sono riusciti, nel loro tempo e successivamente, ad ottenere un enorme successo abbinando eccezionali doti scientifiche a un grande amore per la verità. Si tratta di personaggi che, nel loro modo originale e fuori dagli schemi rigidi, intendevano essere cristiani e lavorare per il Vangelo e per la Chiesa. Così delineati, si tratta di casi rari, ma importanti come quello di Tertulliano, Nestorio, Origene, Lutero, Cartesio e Rosmini. Alcuni di questi uomini sono stati proclamati santi, come lo è stato per Nestorio all'interno della chiesa Assira d'Oriente, altri riconosciuti come autorevoli teologi, predicatori e riformatori, purtroppo dichiarati eretici dalla chiesa Cattolica. Ma, grazie allo sviluppo in campo teologico e metodologico, con il passare dei secoli si è potuto rivedere e ristudiare tali autori, alcuni dei quali sono stati reintegrati nella Chiesa e i loro studi giudicati consoni alla fede in Cristo.

Dietro agli uomini che si battono per la verità, bisogna scorgere, come filigrana, Cristo, che è presente nella sua Chiesa fin alla fine dei tempi e che non cessa, nel corso della storia, di guidarla e di animarla.

CAPITOLO I

RETROTERRA TEOLOGICO, FILOSOFICO E CULTURALE DELLA TEOLOGIA NESTORIANA

È interessante il presupposto con cui il teologo Alois Grillmeier inizia la sua ricerca sulla problematica nestoriana, riguardo la quale dichiara:

> «Non è nostro compito risolvere la cosiddetta questione di Nestorio, cioè la questione relativa all'ortodossia o all'eresia del deposto patriarca di Costantinopoli. Tuttavia, pensiamo che una descrizione precisa del ruolo che egli ebbe nell'evoluzione della tradizione cristologica possa direttamente contribuire alla sua riabilitazione teologica. Quanto più potremmo dimostrare l'ortodossia del suo pensiero, tanto più si renderà possibile il contatto ecumenico con la chiesa nestoriana oggi»[1].

Condivido tale premessa perché essa non soltanto mira alla riabilitazione di Nestorio, ma anche mette in evidenza, a mio parere, due punti essenziali: dimostrare l'ortodossia della cristologia di Nestorio e l'importanza del dialogo ecumenico. Solo lo studio dei testi nestoriani ci permetterà di rigiudicare tale teologia e di avviare un dialogo costruttivo con la chiesa Assira d'Oriente.

1. *Retroterra teologico del pensiero nestoriano*

All'inizio del III secolo si giunse a una riflessione teologica molto più erudita. La confessione di Gesù Cristo come Figlio di Dio, e quindi della sua relazione con il Padre, costituì la novità della fede cristiana: questo esigeva dalla teologia una dimostrazione convincente.

In primis, questa confessione doveva essere compatibile con il monoteismo giudaico, distinguendosi dal politeismo pagano; in secundis, si doveva

---

[1] A. GRILLMEIER, *Gesù il Cristo nella fede della chiesa*, I/1, Brescia, Paideia,1982, p. 823.

confrontare con il pensiero filosofico greco. La soluzione del problema dipendeva dalla possibilità di combinare in Dio una vera unità e, insieme, una convincente distinzione tra Padre, Figlio e Spirito Santo.

In molti luoghi si erano diffuse correnti che avevano come obiettivo quello di salvaguardare il carattere monoteistico della religione cristiana e l'unicità di Dio. Infatti, si attestò la radicale corrente del monarchianismo[2], che affermava vi fosse una sola fonte divina, un solo principio di tutte le cose.

Accanto a questa, andò delineandosi la posizione subordinazionista, che cercava di spiegare il tipo di relazione intercorrente tra Padre e Figlio. Erede ed esponente radicale di questa corrente fu Ario; dichiarava: «Il Figlio è il *participans primarius* al Padre, che è il vero Dio. A lui furono dati i titoli di Dio, *Logos, Sophia, Dynamis*, ma solo per grazia»[3].

Nonostante i tanti tentativi di trovare una soluzione al problema, con il concilio di Nicea (325) furono lasciate aperte e irrisolte molte domande come: Il Verbo era una creatura superiore alla creazione e subordinata alla Divinità-Dio? Che tipo di relazione vi era tra il Padre e il Figlio? Come si poteva salvare l'immagine del Dio unico dell'Antico Testamento?

Il Concilio di Nicea definì espressamente che «Il Figlio di Dio è generato dal Padre, ossia della sostanza del Padre, e non creato, e che egli è vero Dio ed è

---

[2] È difficile precisare i caratteri di questo monarchianismo, perché solo di rado ha trovato mo-do di esprimersi a livello letterario. Tale termine che, nell'ambito delle questioni cristologico-trini-tarie dei primi secoli del cristianesimo, indicò tutte le dottrine che volevano salvaguardare l'unità di Dio a scapito della distinzione delle singole Persone divine. Il monarchianismo si distingue in monarchianismo *ebionita* o *dinamico* e in monarchianismo *modalista* o *patripassiano*. I seguaci della prima tendenza affermavano che unico Dio è il Padre, mentre il Figlio e lo Spirito Santo non sono persone divine. Il Cristo è solo un uomo, adottato dal Padre e per questo in lui inabita la di-vina saggezza ed egli è superiore a Mosè e agli altri profeti. Il fondatore fu Teodoto di Bisanzio e l'esponente più illustre fu Paolo di Samosata. I monarchiani modalisti annullavano la distinzione personale tra il Figlio e il Padre, considerandoli modi diversi di rivelarsi e attribuendo al Padre stesso l'incarnazione e la morte sulla croce (da cui il nome di patripassiani). Primo rappresentante ne fu Noeto (sec. II); ma il maggiore esponente fu Sabellio (sec. III), che diede alla dottrina il suo nome (sabellianismo).

[3] A. GRILLMEIER, *Gesù il Cristo nella fede della chiesa*, p. 823.

consustanziale al Padre. Con Nicea, nel 325, si segnò l'avvio di un nuovo corso di fede cristiana»[4].

La Chiesa del IV secolo continuò il suo cammino di ricerca teologica, e a questi interrogativi si aggiunse la questione su come definire in Cristo l'unità tra l'umanità e la divinità.

Occorre indicare che già in Ario si rintraccia un pensiero cristologico. Testimone è la sua professione di fede[5], che inviò al vescovo Alessandro[6], con la quale mise in evidenzia le caratteristiche esclusive del vero Dio, differenziandolo dal Figlio, che non possedeva tutte quelle caratteristiche: egli è creato e divenuto.
Ario, nel quadro del pensiero trinitario, manifestò la sua radicale idea circa l'inferiorità di Cristo rispetto al Padre. Si scorge da questa sua presa di posizione, che «Il Figlio di Dio non può essere veramente Dio, egli, invece, è la prima delle creature di Dio, e, come le altre, fu tratto dal nulla. È il Figlio di Dio nel senso morale del termine, ma non nel senso metafisico e solo impropriamente gli si dà il titolo di Dio, giacché l'unico vero Dio l'ha adottato in previsione dei suoi meriti»[7].

Ma ecco che un avversario di Ario, amico di Atanasio e difensore convinto dell'ortodossia nicena, Apollinare vescovo di Loadicea in Siria (361), riprese a sua volta la cristologia ariana, secondo la quale, dunque, il Verbo non è Dio, poiché Cristo è soggetto alle passioni umane. Per Apollinare, Cristo è veramente Dio e non solamente un uomo nel quale abita Dio; tuttavia, anche se tenta di capovolgere la tesi ariana, ne riprende pur sempre i presupposti e l'intrinseco errore; egli difatti, come gli ariani, cerca l'unità di Cristo, Verbo fatto carne, non

[4] *Ivi*, p. 387.

[5] «Riconosciamo un solo Dio, che è il solo non generato, il solo Eterno, il solo senza principio, il solo vero, il solo che possiede immortalità, il solo saggio, il solo buono, il solo sovrano, il solo giudice di tutti...» (citazione ripresa da J. N. KELLY, *Il pensiero cristiano delle origini*, Bologna, EDB, 1984, p 280).

[6] Il vescovo Alessandro fu uno degli oppositori di Ario. Gli altri anti-ariani pensavano meno filosoficamente, essi desumevano la divinità del Figlio dal suo significato salvifico, infatti, affermavano: se il Figlio non fosse stato veramente Dio, allora la salvezza dell'uomo è un'illusione, poiché soltanto Dio può liberare l'uomo.

[7] J. QUASTEN, *Patrologia. I primi due secoli (I – II)*, Genova, Marietti, 2009, p 11.

sul piano della *persona*, della sussistenza, ma sul piano della *natura*, principio di vita e di attività. Quindi, in Cristo riconosce un solo principio di attività, il *Logos*.

La teologia di Apollinare ha il grave inconveniente di mutilare la natura umana di Gesù Cristo. Se la stessa Scrittura parla di *sarx* è per designare l'uomo tutto intero, corpo e anima: negare l'anima umana di Cristo significa compromettere tutto il realismo della nostra salvezza. Pur rappresentando una posizione antiariana, la dottrina di Apollinare fu condannata in forma definitiva nel concilio di Costantinopoli del 381.

Per comprendere meglio il retroterra teologico di Nestorio, ricordiamo anche Atanasio[8], che succedette nel 328 al vescovo Alessandro. Fu una delle personalità più imponenti di tutta la storia ecclesiastica; con coraggio e senza piegarsi davanti al pericolo si fece difensore della fede di Nicea[9] (gli ariani riconobbero in lui il loro principale nemico, tale da farlo allontanare diverse volte dalla sua sede episcopale); ancora, egli può essere definito rappresentate autorevole dello schema cristologico *Logos-sarx*.

Il pensiero del vescovo di Alessandria s'incentra sul Verbo (*Logos*). Fin dalla sua prima opera, Atanasio espresse in termini vigorosi l'unità di Cristo: «colui che nasce dalla Vergine, che mangia e beve, che soffre e muore, non è un uomo, ma il Dio Verbo. Cristo si fa conoscere come Dio e Figlio di Dio»[10]; in più, si chiese come avesse fatto Dio ad incarnarsi. La risposta la troviamo in una delle sue opere: «Noi siamo stati la causa della sua incarnazione e per la nostra salvezza egli fu benigno da divenire uomo e manifestarsi nel corpo»[11]. In Atanasio è forte, quindi, il legame tra incarnazione e redenzione; egli tiene a evidenziare l'importanza e la valenza che l'incarnazione di Cristo ha avuto nella storia dell'uomo. La cristologia di Atanasio ebbe come punto di partenza Giovanni

---

[8] Nulla è noto circa il luogo e la data della nascita di Atanasio. Sappiamo che entrò come diacono nel clero alessandrino, dove ben presto divenne uno dei sostenitori più accaniti della lotta antiariana. La storia di Atanasio è profondamente segnata da tensioni ecclesiali e civili. La sua biografia è scandita da numerosi esili comminati dall'autorità civile.

[9] Cfr. J. QUASTEN, *Patrologia. I primi due secoli (I – II)*, p. 23.

[10] ATANASIO, *L'incarnazione del Verbo*, I, a cura di E. Belloni, Roma, Città Nuova, 1990, p. 18-19.

[11] ATANASIO, *L'incarnazione del Verbo*, I, a cura di E. Belloni, Roma, Città Nuova, 1990, p. 43-44.

1,14; se ne servì per esprimere il riconoscimento dell'unità di essere in Cristo, in opposizione alla «cristologia separatista», e la formula cristologica centrale che utilizzò contro gli ariani fu «Il Verbo si è fatto uomo, e non è venuto in un uomo»[12].

Questa espressione deve essere compresa come formulazione classica della teologia *Logos-sarx* in opposizione alla teologia *Logos-anthropos*[13]. L'elemento umano in Cristo è governato dal *Logos*, il Signore è il *Logos* che porta la carne e non un uomo che porta Dio[14]. Atanasio non fece altro che rivelare una concezione "logica" della personalità unitaria di Cristo e della sua incarnazione.

A contrastare questo filone teologico vi è la scuola antiochena, la quale porterà avanti la teologia del *Logos-anthropos*. Esponenti convinti di questo filone saranno Diodoro di Tarso, Teodoro di Mopsuestia e Nestorio.

Nel pensiero di Diodoro[15] si nota la forte giustapposizione tra l'elemento umano e divino in Cristo, suscitata dalla preoccupazione di non mescolare e non confondere il Dio *Logos* con l'uomo.

Lo schema cristologico sul quale Diodoro costruì la sua teologia della distinzione o anche separazione, è differente da quello che usò Teodoro di Mopsuestia[16]. Quest'ultimo, infatti, utilizzò in modo esplicito lo schema *Logos-anthropos*,

---

[12] A. GRILLMEIER, *Gesù il Cristo nella fede della chiesa*, p. 603.

[13] A. GRILLMEIER, *Gesù il Cristo nella fede della chiesa*, p. 603.

[14] Cfr. *ivi*, p. 605.

[15] Diodoro di Tarso, antiocheno e allievo di Silvano di Tarso e di Eusebio di Emesa. Fu inizialmente monaco e poi presbitero della sua città. Dopo la morte di Valente fu ordinato vescovo di Tar-so nel 378 ed ebbe una parte rilevante nel concilio di Costantinopoli del 381. Morì nel 394 quando ormai grande era la sua fama come esegeta e teologo. Inoltre, al tempo della controversia nesto-riana fu considerato uno dei precursori di Nestorio e quindi fu condannato; tale condanna ha pro-vocato la scomparsa di tutti i suoi scritti.

[16] Teodoreto di Mopsuestia nacque intorno al 350 probabilmente ad Antiochia, dove fu allievo del celebre Libanio. Durante l'apprendistato monastico fu alla scuola di Diodoro di Tarso. Ordi-nato presbitero nel 383, fu poi consacrato vescovo di Mopsuestia nel 392. Morì nel 428. Esercitò il suo episcopato in un periodo dove la crisi ariana si era appena assopita e quella nestoriana era appena agli inizi. Successivamente fu preso di mira da Cirillo e dai suoi seguaci, in quanto fu con-siderato, insieme a Diodoro, ispiratore della cristologia divisa di Nestorio. In tale contesto fu og-getto di condanna postuma dal concilio di Costantinopoli del 553. La condanna comportò la quasi scomparsa dei suoi scritti.

mentre Diodoro utilizzò ancora lo schema *Logos-sarx* ed espose il proprio pensiero cristologico nel commento a Luca 2,52 affermando:

«Non si può parlare così del Verbo (che cresceva in età e sapienza) di Dio, perché egli è nato Dio perfetto dal Padre perfetto, Sapienza da sapienza, Potenza da potenza. Ma ciò che cresce in età e in sapienza era la carne, perché questa doveva essere creata e nascere, Dio non le concesse immediatamente tutta la sapienza, ma la comunicò al corpo poco per volta»[17].

Dai suoi scritti si nota che egli non riuscì a superare completamente la separazione tra «Il *Logos* Figlio di Dio e il Cristo Figlio di Maria, per la grazia dello Spirito Santo»[18]. Nonostante quest'ambiguità terminologica, bisogna riconoscergli lo sforzo di cercare l'unità del soggetto Gesù Cristo attraverso la categoria della congiunzione, come alternativa rispetto alla categoria di unione usata dalla scuola alessandrina.

Teodoro di Mopsuestia però a differenza di Diodoro, chiarisce meglio la posizione cristologia della scuola antiochena. Nella *Quinta omelia catechetica* di Teodoro di Mopsuestia emergono alcuni tratti della sua cristologica:

«I discepoli di Ario e di Eunomio dicono che egli (Cristo) assunse un corpo ma non un'anima; la natura divina, dicono, prende il posto dell'anima. E abbassando la natura divina dell'Unico (Figlio) al punto (di dire) che egli discese dalla sua grandezza naturale e compie le azioni dell'anima, richiudendosi nel corpo e operando tutto ciò che è richiesto per farlo sussistere»[19].

Nella prospettiva ariana, il *Logos* si trova unito al corpo in un'unità vitale, mentre nella visione di Teodoro tale legame è contrario alla vera natura di Cristo.

---

[17] A. GRILLMEIER, *Gesù il Cristo nella fede della chiesa*, p. 664.

[18] DIODORO DI TARSO, *Frammento,* in A. GRILLMEIER, *Gesù il Cristo nella fede della chiesa*, p. 664.

[19] *Ivi*, p.797.

Nella cristologia di Teodoro la natura umana di Cristo ritrova la sua vera vita fisico-umana e la sua capacità d'azione.

Sarà necessario ancora un lungo cammino prima di definire chiaramente la distinzione tra persona e natura, ma non per questo deve essere sminuito il contributo positivo di Teodoro alla soluzione del problema cristologico.

2. *Pensiero filosofico e nestoriano a confronto*

Gli studiosi e i teologi del mondo antico, non avendo ancora a disposizione un sistema teologico ben definito per esprimersi su Dio, dovettero necessariamente attingere dalla filosofia ciò di cui avevano bisogno per comunicare al meglio il mistero di Cristo.

Anche in campo filosofico vi era la stessa difficoltà, già Platone notava questa difficoltà: «Concepire la divinità è impresa difficile e a chi l'ha concepita è impossibile enunciarla» (Timeo 28 c.).

Nonostante tutto, la conoscenza della filosofia si rivelò importante per l'inculturazione del Vangelo; i Padri, infatti, compresero che era fondamentale esprimere il messaggio di Cristo ricorrendo anche ai concetti e alla sapienza della filosofia.

Ma quanto il pensiero filosofico ha condizionato o trasformato la cristologia di Nestorio? Domanda che si posero già Émile Amann – il quale sosteneva che alla base del pensiero cristologico di Nestorio vi era l'aristotelismo – e René Arnou – che, invece, studiò il rapporto tra nestorianesimo e neoplatonismo.

Ad Alessandria il pensiero cristiano aveva rapidamente messo profonde radici; ne dà testimonianza la scuola catechetica condotta da Clemente e Origene, i quali avevano cominciato a elaborare un vero e proprio sistema filosofico-teologico d'impronta cristiana. La scuola alessandrina ebbe una reviviscenza tra la fine del IV e gli inizi del V secolo, soprattutto grazie all'impulso di una donna eccezionale, Ipazia. Il suo vasto sapere filosofico, matematico e astronomico e il suo notevole influsso le provocarono l'avversione dei cristiani, dei quali cadde vittima nel 415 d.C.

In questa situazione va ricordato anche il vescovo Nemesio. Nei suoi scritti troviamo un netto rifiuto dell'apollinarismo e un'interpretazione dell'unità uomo-Dio: unione tra il *Logos* e tutta l'umanità è un'unione sostanziale. Nemesio ritiene che lo schema *Logos-anthropos* si possa perfettamente combinare con l'idea di unione sostanziale, essenziale. Egli, inoltre, vuole distaccarsi dall'opinione di "certi uomini di chiara fama", i quali ritengono che l'unione realizzata in Cristo non fu un atto del favore divino. Questa cristologia ha come sfondo l'interpretazione neoplatonica dell'unità dell'anima e del corpo, che Nemesio riprende solo dopo averla sottoposta ad importanti modifiche: respinge l'idea dei gradi delle anime e la sua interpretazione dell'unità dell'anima e del corpo differisce da Plotino e da Porfirio.

Per Nemesio e per i neoplatonici l'unione dell'anima e del corpo va considerata un'estensione dell'anima universale fino ai suoi estremi limiti. Egli accetta sì tale concezione, ma pone due principi: l'assoluta inconfusione tra anima e corpo e l'unità reale del composto. Nemesio asserisce che tale unione mantiene sempre la distinzione tra le due nature e la loro relazione è intima e non confusa. Gli stessi principi che lo guidarono nella ricerca della soluzione del problema dell'unione dell'anima con il corpo possono essere applicati al problema dell'incarnazione: il Verbo, intelligibile per eccellenza, si poté unire alla natura umana senza confondersi o mescolarsi con essa. L'unione della divinità con l'umanità è secondo la natura. Per Nemesio l'unione è avvenuta nella natura divina che trae a sé, elevandola, tutta la natura corporea: la volontà divina in questo quadro diventa il movente di tale unione.

Al contrario di Nemesio, il *Libro di Eraclide* non contiene un trattato sistematico sull'unione dell'anima con il corpo. Il motivo che portò Nestorio a parlare di tale unione fu la posizione apollinarista, che stabiliva una sola natura nel Cristo, rifacendosi all'esempio dell'unione dell'anima al corpo.

Nestorio asserisce, al contrario, che corpo e anima sono unite nell'uomo in una sola natura e formano una sola natura. La natura unica che risulta dall'unione è una nuova natura, diversa dalle nature che l'hanno composta: è la natura umana, l'uomo. Nella composizione, le due nature perdono le loro proprietà naturali per la proprietà di quella nuova. Se chiedessimo a Nestorio se tale procedimento possa essere applicato anche all'unione delle due nature in Cristo, egli risponderebbe di no, innanzitutto perché l'unione anima-corpo è un'unione necessaria e non volontaria, mentre l'unione del Verbo al contrario è volontaria; in secondo luogo perché corpo e anima, nell'unione naturale, non rimangono *prosopa* distinti, ma formano un solo *prosopon* naturale. Mentre divinità e umanità conservano nell'unione le loro proprietà ben distinte, rimangono due *prosopa* naturali; infine corpo e anima si uniscono per formare una nuova natura che risulta dall'unione per mutazione, confusione e composizione. Se avvenisse allo stesso modo per l'unione delle due nature in Cristo risulterebbe che tale nuova natura non sarebbe più né uomo e né Dio, ma un miscuglio delle due nature e questo rappresenterebbe la distruzione stessa dell'incarnazione.

Questo breve confronto tra la posizione di Nemesio e quella di Nestorio sulla unione prima dell'anima al corpo e poi della divinità e umanità in Cristo fa emergere che Nestorio non ebbe la preoccupazione di Nemesio, derivante dall'applicazione della dottrina neoplatonica degli intellegibili. L'abisso invalicabile dei neoplatonici tra anima e corpo non fu mai oggetto di approfondimento da parte di Nestorio.

Non è semplice collocare con esattezza Nestorio in una corrente filosofica ben precisa, ma si può asserire che egli ha ricavato dalla filosofia termini e concetti che l'hanno aiutato a spiegare e chiarificare meglio il suo pensiero teologico-cristologico. Nestorio a quale filosofia aderì? Il teologo Émile Amann[20], ha approfondito il rapporto tra filosofia e nestorianesimo[21]. Secondo lo studioso, alla base del pensiero di Nestorio vi era una particolare concezione filosofica: l'aristotelismo. È in conformità a questa posizione che Nestorio combatterà un'incarnazione intesa come unione *ipostatica*, cioè «unione di due nature imperfette che si completano l'una all'altra per l'esistenza e l'azione»[22], mentre l'unione dell'incarnazione sarà per lui un'unione volontaria. Nestorio si mette esclusivamente dal punto di vista della psicologia. La parola *prosopon* avrebbe

---

[20] Cfr. L. I. SCIPIONI, *Ricerche sulla cristologia del "Libro di Eraclide" di Nestorio. La formulazione teologica e il suo contesto filosofico*, p. 9.

[21] Cfr. E. AMANN, *Nestorius*, in Dictionnaire de Théologie Catholique, XI, Paris, Letouzay, 1931, col. 76-157.

[22] *Ivi*, col. 82.

per Nestorio il senso del termine francese *personnalité*, mettendo l'accento sul senso psicologico del termine. In altri termini, il *prosopon* designa l'insieme delle qualità individuali, o meglio, il *prosopon* unico il risultato della giustapposizione dei due *prosopa* dell'umanità e della divinità, unione atta a creare di per sé una reale unità di persone. Per questo Amann può asserire che Nestorio seguì la filosofia di Aristotele, dalla quale prese il legame forte tra anima e corpo, legame che invece i neoplatonici negavano.

Nel 1936 René Arnou[23] affrontava il problema del contenuto filosofico che sottostava alle posizioni cristologiche di Nestorio. Egli al contrario di Amann asserisce che la filosofia alla quale Nestorio aderì era quella neoplatonica. Arnou parte dalla costatazione che presso Apollinare vediamo spesso paragonata l'unità delle nature nel Cristo all'unione dell'anima al corpo e la cosa non meraviglia affatto. Meraviglia invece trovare lo stesso paragone fra coloro che combatterono l'apollinarismo e l'unione secondo natura, esagerando la distinzione delle nature nel Cristo. Se Nestorio o i suoi successori accettavano tale esempio, ciò dipendeva dal fatto che essi si muovevano non su un contesto filosofico aristotelico, bensì su quello neoplatonico della teoria dell'unione degli intellegibili. Allo scopo di provare tale tesi l'Arnou tenne una lunga analisi dell'opera *De natura hominis* di Nemesio, con un riferimento diretto alla teoria degli intelligibili secondo Plotino e Porfirio. Passò poi all'analisi dell'opera *Liber Heraclidis* di Nestorio. Secondo R. Arnou è sostanzialmente neoplatonico il concetto di unione volontaria presente negli scritti di Nestorio, unione che consiste in una messa in comune dell'attività divina e di quella umana. Il *prosopon* stesso ha, secondo Arnou, il valore di relazione mutata.

Da queste ricerche si evince un'indecisione da parte degli studiosi nel definire quale filosofia fosse alla base del pensiero nestoriano. A me pare più convincente la tesi dell'Amann, la quale asserisce la vicinanza di Nestorio alla filosofia aristotelica e stoica Lo si può dedurre da due fattori: Nestorio privilegia il termine *prosopon* a quello di *ipostasi*, termine assunto dalla filosofia aristotelica e in particolare da quella stoica; la tesi di Amman è confermata da diversi studi che

---

[23] R. ARNOU, «*Nestorianisme et Néoplatonisme. L'unité du Crist et l'union des "Intelligibles"*», in Gregorianum 17 (1933) pp. 116-131.

hanno approfondito la correlazione della filosofia aristotelica e stoica[24] con il pensiero di Nestorio.

3. *Nel vivo della disputa tra Cirillo e Nestorio*

La controversia tra Cirillo e Nestorio contribuirà all'evoluzione e alla chiarificazione di alcuni aspetti della cristologia. Essa, come vedremo, sarà una questione prettamente orientale, anche se, in un certo modo, sarà coinvolta in questa discussione anche Roma.

Agli inizi del V secolo, la riflessione cristologica alessandrina, nella si era formato Cirillo, era progredita a partire dallo schema *Logos-sarx*. Cirillo perciò non avvertì la necessità di dover dimostrare l'unità di Cristo se non per giustificare l'appropriazione della proprietà della carne da parte del Verbo. Infatti, afferma Cirillo: «Se il Verbo è colui che in effetti compie le operazioni di Cristo, ne segue che nel Verbo incarnato c'è una sola natura o *ipostasi*»[25]. Per Cirillo era evidente la trascendenza e l'immutabilità del Verbo. Egli, pur muovendosi principalmente nei limiti della cristologia *Logos-sarx*, riconosceva tuttavia un'anima in Cristo. Sic-come la scuola che si rifaceva allo schema *Logos-sarx* dava maggiore rilievo alla natura divina, si può pensare che alla base di tale orientamento vi potesse essere la filosofia platonica, soprattutto la concezione che Platone aveva dell'unione dell'anima al corpo. Cirillo, tuttavia, seguiva la teologia di Atanasio: «Il Verbo è divenuto uomo e non è entrato in un uomo, ma il Cristo è Dio per natura»[26]. Con questa affermazione egli non

---

[24] Gli studi che mettono in correlazione il pensiero nestoriano e la filosofia sono: E. AMANN, *Nestorius*, in Dictionnaire de Théologique Catholique, XI, Première partie, Paris, Letouzey et Ané, 1931, col. 76-157; R. ARNOU, *«Nestorianisme et Néoplatonisme. L'unité du Crist et l'union des "Intelligibles"»*, in Gregorianum 17 (1933) 116-131; E. BRÉHIER, *La théorie des incorporales dans l'ancien stoïcisme*, Paris, Librairie philosophique J. Vrin, 1997[9]; F. OGERAU, *Essai sur le système philosphique des stoïciens*, Paris, Félix Alcan, 1885; L. I. SCIPIONI, *Ricerche sulla cristo-logia del "libro di Eraclide" di Nestorio: la formulazione teologica e il suo contesto filosofico*, Friburgo, Edizioni Universitarie, 1956.

[25] CIRILLO D'ALESSANDRIA, *Epistole cristologiche*, a cura di G. Lo Castro, Roma, Città nuova, 1999, p. 31.

[26] *Ivi*, p. 32.

intendeva sminuire l'umanità, anzi egli aveva sempre inteso l'umanità di Cristo nella sua interezza.
Cirillo è intenzionato a non creare distanza tra Cristo e la sua carne; egli con forza ribadisce che la carne assunta non è estranea a lui, è propriamente la sua. In lui spirito e materia sono affermati unitivamente, anzi sono uniti in modo fortissimo (*henosis*). Questa posizione estremizzata portò all'emergere della concezione monofisita che asseriva che da due nature si ha unione totale, tanto da avere una sola natura di Cristo. Cirillo ha sempre rifiutato di confondere le nature, quindi non è monofisita.

Il problema è sempre lo stesso: l'imprecisione terminologica. Tale problema lo si scorge quando Cirillo, pensando che fosse di Atanasio, usa la formula *mia physis* del Verbo incarnato, identificando *l'ipostasi* con la *physis*. Ma neppure gli antiocheni distinguevano *physis* e *hypostasis* che erano considerate equivalenti.

Qual è il concetto di *persona* di Cirillo? Cirillo occupa una posizione intermedia tra Apollinare e Nestorio. Non a caso nelle sue idee si riconosce una doppia tendenza terminologica circa la cristologia. In contrasto con Apollinare deve vigilare per attribuire all'umanità di Cristo il carattere di un principio pienamente operante, un'*ousia*; e, contrariamente a Nestorio deve mettere continuamente l'accento sull'unica *ousia* in Cristo.

Cirillo ha cercato, nella sua trattazione, più che dimostrare l'unione in Cri-sto delle due nature, di puntualizzare quali siano i rapporti tra il Verbo e la sua carne[27]. Egli ha sempre considerato l'incarnazione come un'unione, un legame del Verbo con la sua carne. Tesi che Cirillo sentì mettere in dubbio da alcuni che professavano il duofisismo, teoria secondo la quale in Cristo sarebbero contemporaneamente convissute due nature reali e separate, umana e divina[28].

---

[27] Cfr. CIRILLO D'ALESSANDRIA, *Perché Cristo è uno*, Roma, Città Nuova, 1983. Quest'opera è un dialogo contro la dottrina nestoriana, quindi non solo contro Nestorio, ma anche contro Dio-doro di Tarso e Teodoro di Mopsuestia.

[28] Prima di Nestorio abbiamo alcuni esponenti che furono condannati successivamente, dopo la morte, come responsabili del dualismo cristologico. Uno di questi è Teodoro di Tarso. Nato ad Antiochia nel 330, fondò una comunità monastica, che ebbe tra gli adepti Giovanni Crisostomo e Teodoro di Mopsuestia. Dopo la sua morte i suoi scritti furono ritenuti responsabili dell'eresia ne-storiana e furono condannati, perché appoggiavano la teoria del *duofisismo*.

Cirillo rispose a tale provocazione: «Noi confessiamo un solo Cristo prima della carne e dopo la carne»[29]. Egli però non dimenticò il rischio di una concezione troppo rigida e totalizzante dell'unità di Cristo. Infatti, se questa veniva troppo accentuata diventava quasi inevitabile la vanificazione dell'umanità di Cristo e, di conseguenza, si svuotava di significato la stessa opera salvifica di Cristo.

Un'accusa analoga fu mossa da Cirillo a Nestorio, il quale sosteneva che ogni figlio doveva portare la stessa natura della madre; quindi, stando a tale affermazione, la conclusione: Nestorio, affermando che il Cristo nato da Maria non è il medesimo nato da Dio è stato fautore della tesi dei due Cristi. Questa tesi oggi è appoggiata, solo da alcuni studiosi affermano ancora la sua ereticità. Ma Bernard Lonergan nel suo libro *Il Verbo incarnato* afferma: «Nestorio negò fortemente di aver insegnato due figli, e non pare che lo abbia fatto espressamente»[30].

Cirillo, rifacendosi alla Scrittura, e in modo particolare al vangelo di Giovanni, afferma: «Il Verbo si è fatto carne [...] non per metamorfosi nella carne – non sia mai –, ma l'evangelista ha parlato di carne per dire uomo completo»[31]. Ammessa la distinzione tra le due nature, Cirillo può affrontare più correttamente l'aspetto soteriologico, al quale è finalizzata tutta la sua cristologia. Egli, senza abbandonare lo schema *Logos-sarx*, lo arricchisce introducendo in esso la *communicatio idiomatum*, cioè la possibilità di attribuire al Verbo le caratteristiche della carne, quali la nascita, la crescita, la sofferenza e la morte.

Per Cirillo vi è un solo Figlio, il Verbo, che per noi si è fatto uomo; per questo tutto è suo, parole e azioni, sia divine che umane. Quindi per la dottrina della comunicazione degli idiomi, a motivo *dell'unione ipostatica*, tutte le proprietà

Purtroppo non si può provare tale accusa, perché di questo autore possediamo pochi frammenti (i suoi nemi-ci distrussero tutte le sue opere).

[29] Citazione ripresa da L. I. SCIPIONI, *Ricerche sulla cristologia del "libro di Eraclide" di Nestorio: la formulazione teologica e il suo contesto filosofico*, p. 106.

[30] B. J. F. LONERGAN, *Il Verbo incarnato. Trattato di cristologia*, Roma, Città Nuova, 2012, p. 101.

[31] Citazione ripresa da L. I. SCIPIONI, *Ricerche sulla cristologia del "libro di Eraclide" di Nestorio: la formulazione teologica e il suo contesto filosofico*, p. 108.

della natura divina e quella umana si possono e si debbono ricondurre all'unica persona di Cristo.

Lo stesso Nestorio tentò di far comprendere, attraverso la predicazione, l'importanza di non affermare in Cristo la confusione delle due nature: egli considerava l'umanità di Cristo una vera e propria *physis*, la quale insieme alla *physis* divina dà vita all'unico e medesimo Cristo.

Tra Cirillo e Nestorio la comprensione e la tolleranza non erano di casa!

La diatriba che si era scatenata tra i due patriarchi è stata alimentata anche da altri fattori: la voglia di affermazione e di vittoria. Bisogna riconoscere che certi tratti del carattere di Cirillo possono dare parvenza di ragione a Nestorio. Non si può negare che gli sia mancata quella moderazione a cui il suo avversario lo esortava. L'iniziativa, da lui presa, d'intervenire negli affari di Costantinopoli, la fretta e la precipitazione di cui ha dato prova a Efeso possono stupirci e addirittura scandalizzarci. Si potrebbe ripetere volentieri il giudizio di Tillemont:[32] «San Cirillo è santo, ma non si può dire che tutte le sue azioni siano sante».

---

[32] L. S. Le Nain de Tillemont, *Memoires pour servir a l'Histoire Ecclessiastique*... XV, Paris 1709, p. 541.

CAPITOLO II

LA TEOLOGIA DI NESTORIO

1. *Nestorio. Cenni biografici*

Dopo la morte di Sisinnio, secondo successore di Giovanni Crisostomo sul seggio di Costantinopoli, l'imperatore Teodosio II, escludendo i due candidati rivali, nominò patriarca un prete di Antiochia, Nestorio, dei cui antecedenti si conosce ben poco. Nacque intorno al 381 a Germanica e si formò alla scuola di Antiochia, dove divenne prete e predicatore famoso, se è vero che lo storico Socrate disse di lui: «Poiché aveva una bella voce e parlava bene, fu ritenuto capace d'interpretare le Scritture»[33]. Da patriarca s'impegnò presto in un'opera di moralizzazione e ristabilimento della purezza della fede nella città; infatti, prese energici provvedimenti contro eretici e scismatici. Essendo un esponente convinto della teologia antiochena, che distingueva con la massima precisione le proprietà divine e quelle umane in Cristo, disapprovò la definizione di Maria come «Madre di Dio» (*Theotokos*), preferendo l'espressione *Christotokos*. Di qui nacque una dura controversia con Cirillo di Alessandria, che, seguendo la cristologia alessandrina, coglieva meglio l'unità dell'uomo e di Dio in Cristo. Per dirimere la controversia si giunse alla convocazione del concilio di Efeso (431), che condannò Nestorio e gli impose di lasciare Costantinopoli. Verso la fine della sua vita, all'approssimarsi del concilio di Calcedonia, Nestorio, esiliato nel 435 a Petra, scrisse una lunga apologia il *Libro di Eraclide*, in cui espose in modo chiaro la sua cristologia. Morì nel 450.

---

[33] SOCRATE, *Historiae Ecclesisticae*, VII, 29.32, p. 67.

2. *Scritti di e su Nestorio*

Sappiamo da Gennadio che Nestorio compose una grande quantità di scritti, di cui è rimasto ben poco, poiché nel 435 Teodosio ne ordinò la distruzione. Il solo trattato che possediamo è il suo tardo *Liber Heraclidis*, che ci è giunto in traduzione siriaca, e qualche lettera e omelia, oltre che diversi frammenti stralciati dai suoi nemici e rimontanti all'inizio della controversia cristologica con Cirillo. I frammenti delle sue omelie, lettere e trattati, furono riuniti e pubblicati da Friedrich Loofs nel 1905[34].

Il *Libro di Eraclide* (ritrovato nel 1910 da p. Bedjan, cm) terminato non più tardi del 451, redatto in greco, con ogni probabilità fu tradotto in siriaco tra il 525 e il 540; è conservato presso il patriarcato dei nestoriani. L'opera suscitò presto, soprattutto in Francia e in America, grande interesse. In seguito alla pubblicazione dei frammenti e alla scoperta del *Libro di Eraclide*, alcuni teologi intrapresero lo studio delle opere di Nestorio aiutati dalle nuove tecniche (metodo storico-critico, critica delle fonti). Nel 1908, James Franklin Bethune-Baker[35], professore di teologia a Cambridge, intraprese lo studio sistematico del contenuto dottrinale del *Libro di Eraclide*. Dal 1910 iniziarono diversi studi sul problema dell'ereticità o l'ortodossia di Nestorio. Tra gli esponenti che si cimentarono in questa ricerca, abbiamo: Leonard Fendt[36], Johannes Peter Junglas[37], Martin Jugie[38]. Nel 1930, alla vigilia del XV centenario del concilio di Efeso, comparve, nel *Dictionnaire de Theologie Catholique*, l'articolo *Nestorius* di Émile Amann[39]. Tale articolo

[34] F. LOOFS (ed), *Nestoriana. Die Fragmente des Nestorius gesammelt, untersucht und herausgegeben*, Halle a. S., Max. Niemeyer, 1905. – Loofs intraprese il lavoro non solo per far conoscere il pensiero di Nestorio, ma, soprattutto, con l'intento di riqualificarlo in quanto teologo ortodosso.

[35] J. F. BETHUNE-BAKER, *Nestorius and his Teaching: a fresh examination of the evidence*, Cambridge, University Press, 1908.

[36] L. FENDT, *Die Christologie des Nestorius. Dissertation Strassburg*, Kempten, Kösel, 1910.

[37] J. P. JUNGLAS, *Die Irrlehre des Nestorius. Dogmengeschichtliche Untersuchung*, Trier, Paulinus, 1912.

[38] M. JUGIE, *Nestorius et la controverse nestorienne*, Paris, Gabriel Beauchesne, 1912.

[39] E. AMANN, *Nestorius*, in Dictionnaire de Théologie Catholique, XI, Paris, Letouzay, 1931, col. 76-157.

suscitò molto scalpore, perché si prefissava di superare tutte quelle tesi che insabbiavano e oscuravano la teologia di Nestorio. Amann, vent'anni dopo, pubblicò un nuovo studio – *L'affaire Nestorius vue de Rome*[40] –, in cui affrontò più da vicino il ruolo decisivo che la chiesa di Roma ebbe nella questione tra i due patriarchi orientali Nestorio e Cirillo[41]. Nel 1936, René Arnou studiò il rapporto tra nestorianesimo e neoplatonismo, in particolare tentò di individuare quale filosofia sussistesse alla base del pensiero cristologico nestoriano[42].

Dalla metà degli anni Settanta del secolo XX diversi autori si cimentarono nello studio sui differenti aspetti della teologia nestoriana. Nel 1976 Raniero Cantalamessa pubblicò un articolo sul mistero della perfetta trascendenza e dell'immanenza di Dio nel Cristo[43]; nel 1977, venne pubblicato l'articolo di Luigi Scipioni *Il Verbo e la sua umanità*[44], e lo stesso autore intraprese un serio studio sull'ultima opera di Nestorio, *Il Libro di Eraclide*.

Gli studi e gli approfondimenti sono stati diversi, gli studiosi provenivano da ogni confessione cristiana, tutti e tutto era finalizzato al solo scopo di far conoscere alla cristianità moderna la vera cristologia del patriarca di Costantinopoli.

3. *Il concilio di Efeso*

Non è facile valutare obiettivamente il concilio di Efeso: se si leggono gli storici moderni non si può non essere colpiti dalla diversità dei loro giudizi. Data la differenza di vedute, è bene chiedersi sempre, dopo aver letto i vari testi del Concilio, quale fu dunque il vero concilio di Efeso e quale fu il risultato e

---

[40] IDEM, *L'affaire Netorius vue de Rome*, in Revue de Sciences Religieuses 23 (1949) 5-37, 204-244; 24 (1950) 28-52, 235-265.

[41] Nel 1951, Lino Ciccone pubblica uno studio critico su *L'affaire Nestorius vue de Rome* di Amann (L. CICCONE, *«L'affaire Nestorius vue de Rome» di Mons. E. Amann*, in Divus Thomas 51 [1951] pp. 33-50).

[42] R. ARNOU, *Nestorianisme et néoplatinisme*, in Gregorianum 17 (1936) pp. 122-131.

[43] R. CANTALAMESSA, *La cristologia patristica come soluzione del problema della trascen-denza e immanenza di Dio in Cristo*, in Teologia 4 (1976) pp. 338-354.

[44] L. I. SCIPIONI, Il *Verbo e la sua umanità. Annotazioni per una cristologia patristica*, in Teo-logia 2 (1977), pp. 3-51.

l'apporto che diede per lo sviluppo del dogma cristiano. Poiché il pensiero cristologico di Nestorio fu avversato direttamente da Cirillo d'Alessandria e poiché non possediamo un trattato sistematico della cristologia nestoriana, faccio ricorso alle lettere che i due patriarchi orientali si scambiarono su questa problematica. Le lettere sono la fonte primaria per la ricostruzione del dibattito cristologico tra i due patriarchi.

Il concilio di Efeso fu indetto per la Pentecoste del 431 dall'imperatore Teodosio II su richiesta del patriarca di Costantinopoli. Le lettere di convocazione furono spedite il 19 novembre 430; furono indirizzate a tutti i metropoliti orientali e a pochi vescovi occidentali. Il concilio doveva risolvere le difficoltà provocate dall'insegnamento di Nestorio che, in armonia con i dettami della cristologia antiochena, propendeva per definire Maria «Madre di Cristo». La definizione suscitò una forte e accesa reazione di Cirillo d'Alessandria e la condanna di Celestino I di Roma. La Pentecoste del 431 cadeva il 7 giugno; in questa data si contavano molte assenze, soprattutto dei vescovi orientali, che per lo più erano d'impostazione dottrinale antiochena. Cirillo, senza attendere l'arrivo di questi, convocò il concilio per il 22 giugno nella Chiesa di Efeso intitolata a Maria. La maggioranza dei vescovi presenti al concilio erano per lo più ostili alle posizioni di Nestorio; questo favorì le decisioni di Cirillo. I lavori iniziarono nonostante le proteste del *comes* Candidiano, il funzionario imperiale addetto al concilio, che lamentò l'irregolarità della procedura e propose inutilmente di attendere i ritardatari. Giovenale di Gerusalemme dette il tono alla sessione decisiva del 22 giugno del 431. Propose, prima di tutto, che fosse letta pubblicamente la dichiarazione di fede approvata dai Padri a Nicea, così da creare continuità con il concilio del 325. Si passò alla lettura della seconda lettera di Cirillo a Nestorio ritenuta in continuità e non in dissonanza con il credo niceno; successivamente, fu letta la lettera di risposta di Nestorio a Cirillo e fu chiesto se corrispondesse alla professione di fede di Nicea ma fu ritenuta in discordanza con essa.

Potremmo dire che la lettura di queste due lettere e la decisione del concilio costituiscono l'atto dogmatico decisivo del Sinodo. È da rilevare che per la terza lettera di Cirillo a Nestorio, contenente anche gli anatematismi[45], non fu richiesto nessun parere o votazione, essa fu inserita direttamente negli atti conciliari.

Nello specifico, la seconda lettera di Cirillo a Nestorio[46], testimonia la posizione cristologica che il concilio di Efeso approvò; in essa si cela, secondo quanto Cirillo ha scritto, ciò che Nestorio professava. La lettera dichiarava:

> Non affermiamo, infatti, che la natura del *Logos* si è trasformata ed è diventata carne, e neppure si è trasformata in un uomo completo, composto di anima e corpo; ma piuttosto che il *Logos*, avendo unito a sé secondo *l'ipostasi* in modo indicibile e inconcepibile una carne animata da anima razionale, è diventato uomo ed è stato chiamato figlio dell'uomo; e non per suo volere e beneplacito e neppure per l'assunzione solo di un *prosopon.* Affermiamo così che sono diverse le nature che si sono unite in una vera unità, ma da ambedue è risultato un solo Cristo e Figlio, non perché a causa dell'unità sia stata eliminata la differenza delle nature, ma piuttosto perché divinità e umanità, riunite in unione indicibile e inenarrabile, hanno prodotto per noi il solo Signore e Cristo e Figlio.[47]

Cirillo con questa dichiarazione si mette al riparo da eventuali accuse e afferma con chiarezza l'unione secondo *l'ipostasi*, escludendo quella secondo volontà sostenuta in area antiochena. A questa lettera programmaticamente dottrinale di Cirillo, Nestorio rispose con un testo altrettanto programmatico; ne risultò una vera e propria esposizione della cristologia antiochena. Anche Nestorio, sull'esempio di Cirillo, si rifece al simbolo di fede di Nicea e cercò anche di fare attenzione all'utilizzo di espressioni che potessero evocare eresie già condannate.

---

[45] La condanna non fu comunicata direttamente a Nestorio; gli fu trasmessa da Cirillo tramite una lettera. Allegati a questa i 12 anatematismi riassumevano il pensiero teologico di Cirillo e dei suoi seguaci. La forma concisa al massimo grado, il divario fra la cristologia antiochena, da condannare, e la cristologia alessandrina, da sottoscrivere. Giovanni di Antiochia ne fece subito una dettagliata confuta-zione. In un secondo tempo, gli anatematismi sarebbero diventati l'autorità massima su cui i mo-nofisiti avrebbero poggiato la loro dottrina.

[46] CIRILLO, *Seconda lettera a Nestorio*, in *Il Cristo*, II: *Testi teologici e spirituali in lingua greca dal IV al VII secolo*, a cura di M. Simonetti, Roma, Fondazione Lorenzo Valla-Arnoldo Mondadori Editore, 1986, pp. 353-361.

[47] Va notato che in questo testo, l'*ipostasi* è il soggetto divino ed eterno del *Logos* che unisce a sé la carne umana, rimanendone il protagonista assoluto, senza pregiudicare la propria divinità.

Il santo e grande concilio [ha definito] che colui, che era stato generato per natura da Dio Padre come Figlio unigenito, che è Dio vero da Dio vero [...] proprio questi è disceso, si è incarnato, si è fatto uomo, ha patito, è risorto. In essa io ho approvato la divisione in due nature sulla base delle nozioni di umanità e divinità e la loro congiunzione in un solo *prosopon*, e che non si dica che il Dio *Logos* ha bisogno di una seconda nascita da donna, e che si affermi che la divinità non può subire passioni. Dovunque nelle S. Scritture, quando si ricorda l'economia del Signore, ci viene tramandata nascita e passione non della divinità ma dell'umanità di Cristo, così che secondo una più precisa denominazione la S. Vergine dovrebbe essere chiamata Madre di Cristo. Sono queste le tradizioni dei santi Padri, queste le istruzioni delle S. Scritture, in questo modo uno parla di ciò che riguarda l'amore e la maestà di Dio.[48]

Il 24 giugno arrivarono a Efeso anche i vescovi antiocheni e, informati della procedura e delle decisioni prese dai padri conciliari, si riunirono sotto la presidenza di Giovanni d'Antiochia, formando un concilio parallelo. Questi lamentarono l'irregolarità della procedura e rilevarono nei testi di Cirillo il pericolo dell'apollinarismo e dell'arianesimo; alla fine condannarono Cirillo. Mentre si attendeva la decisione di Teodosio II, giunsero anche i delegati di Roma, ai quali fu ordinato di adeguarsi all'operato e alle decisioni di Cirillo. Il 16 e 17 luglio, riuniti nel 'concilio di Cirillo', i delegati romani e i vescovi che appoggiavano Cirillo condannarono e dichiararono deposti Giovanni d'Antiochia e altri trentaquattro vescovi orientali. Inoltre, il 22 luglio dichiararono che non ci sarebbe stata altra formula di fede all'infuori di quella nicena. Ai primi di Agosto pervenne a Efeso la decisione dell'imperatore di deporre Nestorio dall'incarico di vescovo di Costantinopoli. La decisione presa dal concilio e confermata dall'imperatore fu comunicata a Nestorio tramite una lettera intitolata "*A*

---

[48] NESTORIO, *Lettera a Cirillo*, in *Il Cristo*, II: *Testi teologici e spirituali in lingua greca dal IV al VII secolo*, a cura di M. Simonetti, Roma, Fondazione Lorenzo Valla-Arnoldo Mondadori Editore, 1986, pp. 365-375.

Nestorio, il nuovo Giuda". Non appena gli giunse la notizia della sua destituzione da vescovo, egli decise di ritirarsi in un monastero presso Antiochia[49].

Trovo interessante l'opinione dello studioso M. V. Anastos in merito alla diatriba tra Cirillo e Nestorio.

> Se Nestorio e Cirillo fossero stati costretti a discutere con calma le loro divergenze e a definire con precisione i termini da essi adoperati, sotto la sorveglianza di un arbitro esigente ed imparziale che li avesse tenuti sotto controllo finché non si fossero spiegati chiaramente, non c'è dubbio che essi avrebbero raggiunto un accordo teologico sostanziale, benché separati *toto caelo* per quanto riguardava il prestigio delle loro rispettive sedi"[50].

4. *I termini prosopon, natura e unione nella cristologia nestoriana*

Come più volte ho affermato, uno dei problemi maggiormente presenti nei dibattiti teologici era la difficoltà terminologica. I termini utilizzati dai Padri o singoli studiosi rimandavano automaticamente a una determinata posizione teologica.

Faccio una piccola premessa prima di prendere in esame i termini utilizzati da Nestorio. I termini di *natura e ipostasi* avevano da molto tempo acquistato diritto di cittadinanza in teologia e furono utilizzati per chiarificare al meglio il mistero trinitario. Furono Padri Cappadoci a chiarificare al meglio le espressioni di *natura e ipostasi*; una nauta in tre *ipostasi*: tale era la formula che esprimeva il mistero del Dio uno e trino.

Perché Nestorio utilizzò al posto di *ipostasi* il termine *prosopon?*[51]

---

[49] Cfr. K. BAUS e E. EWIG, *L'epoca dei concili. La formazione del dogma. Il monachesimo. Diffusione missionaria e cristianizzazione (IV-V sec.)*, (*Storia della Chiesa*, dir. H. Jedin, II), Milano, Jaca Book, 1980², p. 115.

[50] M. V. ANASTOS, *Nestorius was orthodox*, in Dumbarton Oaks Papers 16 (1962), p. 120.

[51] Provo a spiegare brevemente l'etimologia dei termini *ipostasi e prosopon. L'ipostasi* (dal greco *hypostasis,* sostanza, da *hypo*, sotto, e *stasis*, stare) è un concetto che assume diversi significati in diverse discipline. Nel cristianesimo questo concetto ereditato dal neoplatonismo,

Nestorio ha sempre affermato l'esistenza di un solo *prosopon*: le due nature, divina e umana, sono unite, senza divisione e separazione, in un solo *prosopon*. «L'espressione di un solo *prosopon* è parallela a quella di un solo Figlio, Cristo e Signore»[52]. Nel *Libro di Eraclide*, Nestorio afferma ripetutamente che il Figlio è uno solo e non due Figli o due Cristi. Per sostenere la propria tesi, egli si rifà a Gv 1,14[53]: «E il Verbo si fece carne e venne ad abitare in mezzo a noi; e noi abbiamo contemplato la sua gloria, gloria come del Figlio unigenito che viene dal Padre pieno di grazia e di verità». Nestorio nota «Essi hanno visto che è apparso nella carne, lui e non un altro Dio, tanto meno un altro Verbo, un'altra luce, né un altro unigenito, ma quello stesso che è apparso nella carne [...] E così l'evangelista ci fa con chiarezza risalire da Dio Verbo verso Dio Verbo e non conosce un altro Dio Verbo fuori di Dio Verbo, né un altro Figlio unico di Dio, se non lo stesso [Verbo] con la carne»[54]. Quindi, è chiaro che per Nestorio il Figlio unico è precisamente il *prosopon* unico, il *prosopon* d'unione, il *prosopon* dell'economia e in definitiva è Cristo il *prosopon* dell'unione. È interessante il dialogo che riporta lo Scipioni tra Cirillo e Nestorio sul termine *prosopon*. Ne emerge una comunanza d'idee. Cirillo asserì che «Diverse sono le nature venute ad una vera unione: delle due risulta un solo Cristo. Nestorio nota: "Intendi con ciò il *prosopon* di Cristo? [...] Questo l'affermo anch'io»[55]. Difatti nei testi di Nestorio, soprattutto nel *Liber Heraclidis*, emerge con frequenza che tutte le proprietà di Dio Verbo e tutte quelle dell'umanità si applicano a un solo *prosopon*.

---

svolse un ruolo fondamentale nella formulazione trinitaria e in seguito nella formulazione cristologica, nell'espressione *unione ipostatica*. *Prosopon,* che si fa derivare dall'etrusco che adattato in greco rimanda al volto dell'individuo, ma anche alla maschera dell'attore. Con lo stoicismo il termine *prosopon* iniziò ad indicare l'essere umano che ha un ruolo ben specifico nel mondo.

[52] L. I. Scipioni, Il *Verbo e la sua umanità. Annotazioni per una cristologia patristica*, in Teologia 2 (1977), p. 46.

[53] Anche se questo era il passo biblico favorito dalla scuola alessandrina, il fatto che lo utilizzi anche Nestorio, a mio avviso, mette in evidenzia l'importanza, presso i Padri, dell'uso della Scrittura nel suo complesso.

[54] L. I. Scipioni, *Ricerche sulla cristologia del "Libro di Eraclide" di Nestorio. La formula-zione teologica e il suo contesto filosofico*, p. 60.

[55] L. I. Scipioni, *Ricerche sulla cristologia del "Libro di Eraclide" di Nestorio. La formula-zione teologica e il suo contesto filosofico*, p. 74.

Nestorio parlando del *prosopon* afferma l'esistenza di un *prosopon naturale*, senza il quale le nature sono incomplete, irriconoscibili come tali. In definitiva, il *prosopon* naturale è ciò che distingue, differenzia e termina la natura.

Altro termine utilizzato da Nestorio è *unione*. L'*unione naturale* in Nestorio indica quel legame di nature diverse, dalle quali ne risulta una sola. «L'unione naturale è uno scambio di dare e di avere di nature diverse fra esse, attraverso un miscuglio naturale e una composizione che termina alla costituzione di una nuova natura»[56]. Se si spiega l'incarnazione come unione naturale per Nestorio: «Si verrebbe a dire che Cristo, come unica natura risultante dall'unione tra umanità e divinità, non è né natura umana né natura divina, ma una natura assolutamente nuova, assurda, risultata da tale unione. Egli appartiene ad un'altra natura differente da quella dell'uomo a da quella di Dio [...] una natura nuova che ha qualche cosa di tutte [due] le nature»[57]. Come vedremo più avanti, egli non sosterrà per l'incarnazione l'unione naturale, ma parlerà di *unione in prosopon.*

Unione ipostatica è per Nestorio sostanzialmente equivalente a unione naturale. Essa ha più direttamente il valore dell'espressione *unione per la natura*; vale a dire, quell'unione delle nature che termina a una sola natura o *ipostasi* natu-rale. Nestorio, nello spiegare l'incarnazione come risultato di un'unione ipostati-ca, ripete con insistenza che tale tesi porterà sempre alle aberrazioni di Ario e Apollinare. Nestorio, per evitare una certa ambiguità, non usò mai più il vocabolo unione *ipostatica*, ma preferì utilizzare il termine unione in *prosopon.*

Quando Nestorio parla di *unione in prosopon*, dà al termine *prosopon* un significato distinto da quello di *prosopon naturale*. Egli ci tiene a precisare che nell'unione in *prosopon* viene respinta ogni mescolanza, ogni corruzione delle nature; in essa, cioè, le nature rimangono distinte come nature e conservano tutte le loro proprietà e differenze nella distinzione. Nestorio biasima chi fa dell'incarnazione un'unione naturale:

---

[56] L. I. SCIPIONI, *Ricerche sulla cristologia del "Libro di Eraclide" di Nestorio. La formula-zione teologica e il suo contesto filosofico*, p. 68.

[57] *Ivi*, p. 68.

«Essi predicano un cambiamento delle nature per l'unione, non attribuendo nulla né all'umanità né alla divinità, ma riportando gli atti dell'umanità alla natura [unica] e quelli della divinità pure a questa natura. Essi non conservano nemmeno le cose che appartengono alla divinità per natura, poiché essi costituiscono [l'unica natura di] Dio Verbo per mezzo delle due essenze. Inoltre l'unione naturale è soggetta alla corruzione e alla sofferenza, mentre l'unione che avviene per il *prosopon* delle nature è impassibile è incorruttibile»[58].

Da questa sintetica spiegazione terminologica emerge, la preoccupazione di Nestorio di non sostenere la tesi di Ario e di Apollinare e la sua volontà nel salvaguardare con estrema chiarezza l'unità in Cristo delle due nature, evitando di asserire la mescolanza e la confusione della natura umana e della natura divina in Gesù Cristo.

5. *Nestorio e l'interpretazione delle Scritture*

I Padri sono in primo luogo ed essenzialmente dei commentatori della Scrittura. Essi, pur non conoscendo le risorse odierne di ordine filologico, storico, antropologico-culturale, restano per noi maestri per il loro approccio teologico alla Scrittura. I libri biblici erano per i Padri Scritture «divine», ripiene di Spirito, nelle quali nulla era casuale o insignificante. La Parola di Dio era per i Padri oggetto d'incondizionata venerazione, fondamento della fede, argomento costante della predicazione, alimento della pietà e anima della teologia. Essi si consideravano non i padroni, ma i servitori della Parola, ricevendola dalla Chiesa, leggendola e commentandola nella e per la Chiesa. Per loro le Scritture erano importanti per la conoscenza autentica di Cristo; per questo Girolamo affermò: «*Ignoratio Scripturarum ignoratio Christi est*»; le Scritture diventarono la strada maestra per entrare nel mistero di Dio.

---

[58] L. I. Scipioni, *Ricerche sulla cristologia del "Libro di Eraclide" di Nestorio. La formula-zione teologica e il suo contesto filosofico*, p. 79.

Anche Flaviano di Antiochia asserì: «Vedo uomini che non posseggono una mente formata dalla divina Scrittura, né conoscono alcunché di essa»[59]. Flaviano allude al fatto che molti nella Chiesa si sono avvalsi della pretesa di decidere dell'altrui salvezza, marchiandoli come eretici. Tale pretesa contraddice gli stessi fondamenti della fede, poiché nega il messaggio di Cristo nel suo nucleo originario e nel suo intento principale. Un simile comportamento mette a nudo una profonda ignoranza e una totale incomprensione della Parola di Dio.

Ogni Padre e, quindi, ogni scuola teologica approfondivano una parte delle Scritture cosicché essa diventava il punto di partenza della propria riflessione teologica. Ogni scuola realizzava un proprio metodo d'interpretazione: la scuola alessandrina utilizzava il metodo allegorico e da esso traeva risultati e interpretazioni differenti dal metodo letterale utilizzato dalla scuola antiochena. Un esempio che illustra meglio tale problematica è relativa al titolo da attribuire a Maria. La polemica iniziò quando Nestorio, divenuto vescovo di Costantinopoli trovò in atto, nella sua città, la disputa sul titolo da attribuire alla Vergine. Nestorio stesso racconta:

> «Subito dopo il nostro arrivo, abbiamo trovato qui alcuni membri della chiesa che erano implicati tra loro in turbolenti litigi; alcuni di essi chiamavano la Santa Vergine semplicemente madre o genitrice di Dio, altri solo madre di un uomo [...] Per riconciliare tra loro le due parti [...] noi l'abbiamo chiamata madre o genitrice di Cristo; questa denominazione doveva comprendere tutte e due le realtà: Dio [in Cristo] e l'uomo, conforme alle parole del vangelo»[60].

Per dare validità alla sua tesi Nestorio da buon antiocheno si appellò alle Scritture e in modo particolare al Vangelo di Matteo. Dalle parole rivolte dall'angelo a Giuseppe: «Quello che in essa [Maria] è generato, viene dallo Spirito Santo» (Mt 1,20) e «Prendi il bambino e sua madre» (Mt 2,13) Nestorio

---

[59] FLAVIANO DI ANTIOCHIA, *Nessun Anatema, né per i vivi né per i morti!*, Magnano, Qiqajon, 1993, p. 4.

[60] Citazione ripresa da A. GRILLMEIER, *Gesù il Cristo nella fede della chiesa*, I/1, Brescia, Paideia, 1982, p. 828.

deduce: «Sempre si parla della Madre del bambino, mai della madre della sua divinità; l'angelo non disse affatto: alzati e prendi Dio e la madre di lui»[61].

A Nestorio fu imputata la colpa di interpretare soggettivamente la Scrittura senza tener presente il contesto delle pericopi, con la conseguenza d'interpretare erroneamente la Parola. Lo studio che Nestorio dedicava alla Scrittura aveva come scopo anche quello di illuminare, alla luce di Cristo-Verbo, quelle posizioni che si prestavano maggiormente all'eresia. Egli scelse appunto il titolo *Christotókos* per evitare confusione tra i credenti. Nestorio giustifica questa sua scelta asserendo:

> «Per quest'unione ineffabile avvenuta nel seno stesso, la beata Maria è detta Madre di Cristo, poiché Cristo è Dio e uomo: infatti, ella ha generato dalla propria natura l'uomo che fin dall'inizio della sua formazione era unito a Dio Verbo ... Infatti, poiché l'unione è avvenuta fin dall'inizio della formazione dell'uomo di Nostro Signore ed egli è il tempio unito a Dio fin dall'utero, perciò la beata Maria venne chiamata Madre di Cristo, nome che indica il prosopon dell'unione della sua divinità e umanità in una sola filiazione in eterno»[62].

Da questi frammenti non credo che emerga una visione dualistica del concepimento di Cristo, anzi il titolo scelto da Nestorio è molto più neutrale e appropriato. Ritengo che *Christotókos* esprima meglio l'unità delle due nature in Cristo, inoltre tale titolo rimanda, senza precisazione alcuna e senza il prevalere dell'una sull'altra, alla natura umana e divina in Cristo; infine, non si può nemmeno asserire che Nestorio utilizzava le Scritture solo per scopi personali.

Una delle doti che molti studiosi attribuiscono a Nestorio è proprio il suo saper comunicare il messaggio di Cristo. Questa sua capacità non era solo frutto di una buona oratoria, ma anche, e soprattutto, del suo rapporto-meditazione con la Parola.

---

[61] *Ivi*, p. 830.

[62] L. I. Scipioni, *Ricerche sulla cristologia del "Libro di Eraclide" di Nestorio. La formulazione teologica e il suo contesto filosofico*, p. 128.

6. *La "soluzione finale" del concilio di Efeso su Nestorio*

La teologia di Nestorio fu etichettata ad opera di Cirillo come contraria alla fede in Cristo e alla tradizione dei Padri. La sentenza che fu letta al temine del concilio di Efeso:

> Oltre al resto, poiché l'illustrissimo Nestorio non ha voluto né ascoltare il nostro invito né accogliere i santissimi e piissimi vescovi da noi mandati, abbiamo dovuto necessariamente procedere all'esame delle sue empie espressioni. Avendo costatato dall'esame delle sue lettere, dagli scritti che sono stati letti, dalle sue recenti affermazioni fatte in questa metropoli e confermate da testimoni, che egli pensa e predica empiamente, spinti dai canoni dalla lettera del nostro santissimo padre e collega nel ministero Celestino, vescovo della chiesa di Roma, siamo dovuti giungere, spesso con le lacrime agli occhi, a questa dolorosa condanna contro di lui. Gesù Cristo stesso, nostro Signore, da lui bestemmiato, ha definito per bocca di questo santissimo concilio che lo stesso Nestorio è escluso dalla dignità vescovile e da qualsiasi collegio sacerdotale.[63]

Quale fu la reazione di Nestorio a tale decisione? Leggiamo le sue stesse parole:

> Io non ho rinnegato la via dell'ortodossia né la rinnegherò mai fino alla morte; e sebbene tutti, compresi gli ortodossi, mi combattono per ignoranza e nessuno voglia ascoltare e lasciarsi istruire da me, verrà pure il tempo in cui essi impareranno da coloro che sono eretici come, lottando contro di essi, essi hanno lottato contro colui che combatteva in loro favore[64].

Perché questo radicale giudizio nei confronti di Nestorio e soprattutto della sua cristologia? Questa è la domanda che ha accompagnato nel tempo molti studiosi nell'ardua impresa di ricostruire il pensiero teologico di Nestorio. Un

---

[63] CONCILIO EFESINO (431), *Sentenza pronunciata contro Nestorio a sua condanna*, in *Deci-sioni dei Concili ecumenici*, a cura di G. Alberigo, Torino, UTET, 1979, p. 142.

[64] L. I. SCIPIONI, *Ricerche sulla cristologia del "Libro di Eraclide" di Nestorio. La formula-zione teologica e il suo contesto filosofico*, p 102.

fattore era chiaro: per recuperare il pensiero teologico di Nestorio bisognava ritornare alla fonte, era cioè necessario ripercorre tutte le tappe che lo portarono a formulare il suo pensiero cristologico.

Appartiene alla ricerca teologica prendere in considerazione tutti i fattori che possono servire per spiegare meglio il caso Nestorio. Questi fattori comprendono non soltanto i presupposti psicologici, filosofici e teologici di Nestorio e dei suoi avversari, ma anche le circostanze della politica civile ed ecclesiastica. È importante intraprendere un'analisi dettagliata dei concetti cristologici e delle intenzioni di Nestorio e dei suoi avversari. Al tempo del concilio di Efeso la Chiesa non possedeva ancora un metodo teologico che rendesse possibile un giudizio sulla cristologia di Nestorio. La ricerca moderna è sulla via di colmare queste lacune e di compiere così un dovere ecumenico, portato avanti, finalmente dal Concilio Vaticano II.

Nel prossimo capitolo affronterò il contesto ecclesiale nel quale Nestorio e i suoi avversari agirono. Presenterò inoltre l'evoluzione teologica e l'espansione della nascente chiesa Assira d'oriente.

CAPITOLO III

CHIESA PATRISTICA: UNITA E DIFFERENZIATA

I primi secoli di storia hanno visto una larga diffusione del cristianesimo non solo nel bacino del Mediterraneo, ma anche al di fuori dell'Impero romano, in particolare in Etiopia, Persia, India, con il costituirsi di Chiese locali con riti, tradizioni, lingua, organizzazioni proprie e singolari; tra questi differenti gruppi di Chiese locali sussisteva il riconoscimento reciproco e una conseguente situazione di unità, pur con innegabili difficoltà dovute alla distanza e all'impossibilità di regolari comunicazioni e scambi.

I grandi dibattiti cristologici del IV e V secolo, culminati nei concili di Efeso (431) e Calcedonia (451), segnano una prima censura per quanto riguarda la configurazione ecclesiale. Si strutturano, infatti, in questo periodo aggregazioni ecclesiali, che si pensano sempre dentro la cristianità, ma che non condividono le scelte teologiche che i Concili, successivi ad Efeso, faranno proprie. Una di queste aggregazioni sarà la chiesa Assira d'Oriente detta a volte Chiesa nestoriana.

Parlare di Chiesa e ricercarne il senso teologico comporta quindi necessariamente il confronto con più soggetti collettivi, distinti e diversi, segnati da storie e prassi eterogenee, anche se si richiamano tutte a Cristo e si autodefiniscono "Chiesa di Cristo".

Fin dall'inizio questa dialettica di unità-pluralità ha segnato la vita e l'autocomprensione dei credenti in Cristo. Gli scritti neotestamentari e le fonti patristiche la attestano: l'unica eredità apostolica viene vissuta da diverse gruppi umani e concretizzata in una pluralità di forme dottrinali, liturgiche e organizzative. Chi ha dato maggiore impulso a questa dialettica (unità-pluralità) è stato il faticoso dialogo ecumenico, che ha cercato di avviare una conoscenza vera e senza pregiudizi tra le varie chiese, affinché tra di esse si sviluppasse il valore del rispetto della diversità ecclesiale e che le portasse a vivere la pluralità come ricchezza e non come limite.

1. Dal concilio di Efeso al concilio di Calcedonia

Lo sviluppo della cristologia raggiunse il suo culmine nel il concilio di Calcedonia (451) al quale presero parte 600 vescovi. L'intenzione del sinodo fu quello di porre fine alla violenta disputa che occupò il periodo successivo al concilio di Efeso (431). L'unico Cristo, l'unico Figlio di Dio incarnato è veramente e perfettamente Dio e uomo: questa professione di fede mise in luce chi fosse realmente Gesù Cristo per la Chiesa antica.

Il concilio di Calcedonia non si limitò alla sola condanna di Dioscoro[65] e alla riabilitazione di Teodoreto, ma entrò nel merito della dottrina. La formula dottrinale di Calcedonia[66] ricalca abbastanza da vicino la Formula di unione del 433[67] nell'affermazione delle due nature in Cristo in un solo soggetto, che ora viene caratterizzato non più soltanto come un *prosopon* ma anche, nella linea di Cirillo, come un'*ipostasi*, naturalmente quella del *Logos*. Il dogma di Calcedonia ha come sfondo la Scrittura e la Tradizione ecclesiale. Non senza motivo la definizione stessa rimanda ai profeti, alle parole di Cristo e al simbolo di Nicea. Benché il dogma e la formulazione dogmatica di Calcedonia non rappresentino una rivoluzione nello sviluppo della cristologia, il quarto concilio ecumenico è tuttavia, con Nicea, quello che più di tutti diede impulso alla riflessione teologica.

Il concilio di Calcedonia è presentato dalla tradizione occidentale come il momento risolutivo della crisi cristologica, ma, nella realtà della Chiesa d'Oriente, esso rappresentò soltanto un momento della grande controversia e, in definitiva, soltanto l'inizio di una nuova convulsa fase.

---

[65] Dioscoro fu successore di Cirillo di Alessandria (412-444 ca.); la sua fama è legata più che altro al Concilio di Efeso II (449), in cui egli riuscì a far approvare con la forza una professione di fede monofisita.

[66] CONCILIO DI CALCEDONIA (451), *Definizione della fede*, in *Decisioni dei Concili ecumenici*, a cura di G. Alberigo, Torino, UTET, 1979, pp. 161-165.

[67] *Formula di unione*, in *Decisioni dei Concili ecumenici*, a cura di G. Alberigo, Torino, UTET, 1979, pp. 147-148. – La formula di unione avviene dopo il Concilio di Efeso; in questo atto Cirillo riconosce l'ortodossia del linguaggio antiocheno, anche se diverso da quello alessandrino che gli è proprio.

I monofisiti Infatti, nonostante l'intervento del potere politico, non accettarono la definizione del concilio. In Siria e in Egitto soprattutto, dove erano molto forti, mantennero fermamente le loro posizioni; inoltre ben presto il contrasto fu aggravato da motivazioni di carattere politico e anche razziale.

Con Calcedonia sembrava che fosse aperta la possibilità di una riconciliazione dei monofisiti con la grande chiesa, ma la speranza andò delusa. Si arriva alla costituzione della chiesa dei cosiddetti "nestoriani"[68], oggi denominata chiesa Assira d'Oriente e in Siria dove si organizzò la cosiddetta chiesa giacobita[69] (siro-ortodossa).

Tutto questo ci fa comprendere quanto sia difficile attuare l'unità delle Chiese, che, come vedremo, non dipenderà soltanto dal credere tutti in Gesù Cristo, morto e risorto, ma anche da fattori politici, culturali e teologici.

2. *Dal concilio di Calcedonia al concilio di Costantinopoli II*

Come abbiamo potuto costatare, la definizione di Calcedonia si presenta nella forma di un variopinto mosaico, le cui tessere principali sono tratte dalle due lettere di Cirillo a Nestorio (430), dal Simbolo di unione (433), dal *Tomus ad Fla-*

---

[68] La chiesa nestoriana ebbe grandissima diffusione in Asia, grazie anche alla protezione, in funzione antibizantina, dell'Impero Persiano. I nestoriani convertirono al cristianesimo in gran numero i discendenti degli antichi popoli mesopotamici e si diffusero fino in India e Cina. Oggi, eccetto in India, sopravvivono in comunità molto ridotte. In Cina il nestorianesimo si è estinto nel IX secolo, in seguito alla proibizione del cristianesimo e, con esso, di tutte le religioni straniere sul territorio dell'Impero. La Chiesa assira abbracciò il nestorianesimo nel V secolo, poi sviluppò una propria cristologia, che è stata canonizzata nel 612. Secondo la visione assira, le due essenze di Gesù non sono mescolate, ma unite nell'unica *prosopa* (persona) di Cristo. La diffusione del nestorianesimo in Oriente si inserì in una complessa lotta sia con il Credo di Calcedonia (451) (riconosciuto da cattolici e ortodossi) che con il monofisismo. Nel 451, anno della morte di Nestorio, si tenne il Concilio di Calcedonia, che condannò sia il nestorianesimo sia il monofisismo. Ciononostante, dalla zona orientale dell'Impero continuò la propagazione del nestorianesimo nel resto dell'Asia.

[69] Chiesa giacobita: i seguaci della Chiesa monofisita di Siria, fondata da Giacobbe Baradeo, vescovo di Edessa (m. 578). Segue il monofisismo moderato; rigetta perciò il Concilio di Calcedonia e i concili successivi; la sua teologia e liturgia ha subito nel corso dei secoli l'in-flusso armeno e cattolico.

vianum (449). Il preambolo alla definizione è indispensabile per comprendere l'intenzione fondamentale, che non fu quella di redigere un nuovo simbolo di fede, ma quella di confermare la fede di Nicea e di Costantinopoli.

La riflessione teologica che va dal 451 al 553 è tutta incentrata sull'accentuazione o il rifiuto della definizione calcedonese; infatti, come vedremo, in questo periodo si deve rilevare l'insorgere del neocalcedonismo, ovvero di una teologia di mediazione, che al concilio di Costantinopoli II (553) avrebbe identificato l'*ipostasi* del Cristo con il *Logos*.

Il post-Calcedonia portò con sé non solo una maggiore chiarezza su alcuni temi e termini cristologici (unione, *ipostasi* ...), ma, purtroppo, anche divisioni.

I monofisiti, nonostante le divisioni interne, ebbero modo di rafforzare le loro posizioni, soprattutto per opera del monaco Severo, patriarca di Antiochia dal 512[70], il cui intervento costituì una reazione al tentativo dei seguaci di Calcedonia d'impadronirsi di nuovo dell'iniziativa teologica. Egli aveva ereditato l'avversione a Calcedonia al momento del suo ingresso nell'ambiente monastico di Pietro l'Iberico[71]. Sotto la pressione della controversia alessandrino-calcedonese, il rapporto Cirillo-Calcedonia divenne inevitabilmente argomento della cristologia dopo il 451. Con Severo, il polo linguistico e concettuale contrapposto alla dottrina delle due nature del 451 si profilò con estrema nitidezza. Se Cirillo aveva segnato un percorso e aveva anche avviato anche una certa ambiguità linguistica, il "Nuovo Cirillo" intervenne con decisione, purificando il linguaggio che rappresentava il tipo puro della cristologia della *mia physis* e della cristologia dall'alto, incentrata sulla *henosis*, ma anche con l'inequivocabile riconoscimento della realtà e dell'esistenza terrena dell'umanità di Cristo.

La storia della cultura mostra sufficienti esempi del fatto che simili posizioni di contrasto esigono una mediazione nel linguaggio e nelle idee. Molto lavoro

[70] Severo patriarca di Antiochia (512-518), monofisita, condannava il Concilio di Calcedonia, ma difendeva l'*Enotico* di Zenone, polemizzando contro gli eutichiani e contro i calcedonesi.

[71] Pietro l'Iberico (m. 491), originario della Georgia, è tra le figure di spicco della prima generazione monofisita. Si stabilisce, nel 445, a Maiuma presso Gaza, dove viene ordinato prete. Vescovo di Maiuma durante la ribellione palestinese al concilio di Calcedonia; nel 453 si reca esule in Egitto.

restava da compiere sui concetti e sui loro presupposti, vale a dire sull'impiego della cifra sintetica concettuale dell'unione *ipostatica*. Soprattutto, l'atto stesso dell'unione non era ancora diventato oggetto di un'adeguata attenzione, nonostante il ripetuto vaglio dei termini filosofici antichi sulla *henosis*. Se si voleva evitare una scissione profonda nella chiesa, era necessaria una convergenza dei partiti in lotta su una formula cristologica accettabile dalla maggioranza.

Dopo la morte dell'imperatore Giustino I (527), salì al trono Giustiniano (527-565). L'imperatore convocò un concilio a Costantinopoli, dove tra il 5 maggio e il 2 giugno del 553 si riunirono 152 vescovi, per la maggioranza orientali, tra cui forse 11 latini. Il vescovo di Roma Vigilio non partecipò al concilio per timore delle reazioni occidentali e, successivamente, fu costretto ad approvarlo a causa di due lettere scrittegli dall'imperatore, in cui chiedeva ai padri conciliari di rifiutare la comunione con il vescovo di Roma, finché questi non avesse accettato il risultato del concilio. Il concilio condannò i Tre Capitoli[72], cioè l'empio Teodoro di Mopsuestia con i suoi scritti, Teodoreto di Ciro, Ibas di Edessa e tutti coloro che si fecero loro difensori.

Si deve riconoscere però al concilio di Costantinopoli II di aver compiuto un passo in avanti rispetto a Calcedonia, nel senso di aver fornito una nuova chiave interpretativa del mistero di Cristo. Infatti, Costantinopoli II spiega la questione dell'unità delle nature in Cristo in questi termini: «si tratta di una persona composta, mediante un processo che parte dall'unità e, nella distinzione, torna all'unità»[73]. L'obiettivo perseguito in tutte le iniziative di restaurare l'unità di fede da parte dell'Impero non fu raggiunto e anche i nestoriani, invitati per ultimi al

[72] Nel quadro dei tentativi mirati a cercare un accordo con i monofisiti, l'imperatore Giustiniano pubblicò nel 544 un editto in cui condannava *post mortem* Teodoro di Mopsuestia, Teodoreto di Ciro e Ibas di Edessa.

[73] «Se uno confessa che dalle due nature, divina e umana, è sorta l'unione, o ammette una sola natura incarnata del Verbo di Dio, ma non intende queste espressioni secondo il senso dei santi padri, cioè che, avvenuta l'unione secondo l'ipostasi della natura divina e della natura umana, un solo Cristo ne è stato l'effetto; ma con questa espressione tenta di introdurre una sola natura o sostanza della divinità e della carne di Cristo, costui sia anatema» (CONCILIO COSTANTINOPOLI-TANO II (553), can. 8, in *Decisioni dei Concili ecumenici*, a cura di G. Alberigo, Torino, UTET, 1979, p. 186).

dialogo, rimasero irremovibili. Inoltre, i giudizi incredibilmente duri contro Teodoro di Mopsuestia non fecero altro che accelerare il cammino della chiesa persiana verso l'autonomia dogmatica e canonica.

A conclusione di questa breve panoramica dei principali Concili, nei quali fu espressa la natuta del Figlio di Dio nella fede ecclesiale nel quadro dei secoli IV-VIII, è possibile affermare che il dogma antico non ha chiuso la fede entro un sistema rigido, immobilizzato in un determinato linguaggio, ma ha tenuto sempre aperto uno spiraglio dove era possibile il dialogo e la revisione di alcune formulazione teologiche.

3. *Storia e stato attuale della Chiesa Assira d'Oriente*[74]

Le origini della Chiesa Sirio-Orientale sono intimamente legate alla storia delle origini della chiesa di Persia. Si dà per certo che l'evangelizzazione della chiesa di Persia partì da Edessa, prima della caduta dell'Impero dei Parti e della Dinastia Sassanide, nel 226, e mantenne un legame gerarchico abbastanza elastico con Antiochia. A causa, però, delle continue guerre della Persia con i Bizantini, questo legame andò sempre più affievolendosi e portò questa Chiesa ad una sempre maggiore autonomia, favorita dall'interesse a non dare ai Persiani l'appiglio di accusare i cristiani di con-nivenza con il nemico bizantino. Così, nel 410, durante il sinodo di Seleucia-Ctesifonte, i circa trenta vescovi dell'assemblea proclamarono il vescovo di Seleucia «katholikos ed arcivescovo di tutto l'Oriente» e fecero sanzionare questa nomina dal re persiano. Possiamo vedere qui il primo passo verso la formazione di una chiesa nazionale. Nel 424, nel nuovo sinodo tenuto a Markabta di Tayaye, i 36 vescovi persiani dichiararono apertamente l'indipendenza della Chiesa persiana.

---

[74] Per questa parte faccio riferimento ai seguenti testi: K. BAUS, H.-G. BECK, E. EWIG e H. J. VOGT, *La chiesa tra Oriente e Occidente*, (*Storia della Chiesa*, dir. H. Jedin, III), Milano, Jaca Book, 1992; G. FEDALTO, *Le Chiese d'Oriente da Giustiniano alla caduta di Costantinopoli*, (*Complementi alla Storia della Chiesa*, dir. H. Jedin, II), Milano, Jaca Book, 1992; J. BINNS, *Le chiese ortodosse*, Cinisello Balsamo (MI), San Paolo, 2005.

Sarei dell'idea di leggere dietro quest'avvenimento, puramente storico-politico e non teologico, il desiderio dei credenti in Cristo di salvaguardare e di mantenere vivo il cristianesimo in Persia.

Il secolo V, epoca di aspre contese teologiche, è segnato anche dal passaggio della Chiesa di Persia nel nestorianesimo. I fatti possono essere così riassunti. Nel 363 la scuola di Nisibi, fondata da S. Efrem, fu trasferita ad Edessa, assumendo il nome di «Scuola dei Persiani». In essa si era formato Nestorio, seguendo gli insegnamenti di Teodoro di Mopsuestia. Quando Nestorio fu condannato (431), la scuola di Edessa fu chiusa dall'imperatore Zenone e molti suoi maestri emigrarono in Persia, si stabilirono a Nisibi, dove nel frattempo il celebre teologo Narsai, già direttore della scuola di Edessa e convinto seguace di Nestorio, nel 457 aveva riaperto la vecchia scuola persiana. Fu così che il nestorianesimo trovò a Nisibi il suo centro ideale ed in poco tempo guadagnò tutta la Persia. Nel 486, in un sinodo tenuto a Seleucia, il nestorianesimo fu proclamato, dal katholikos Acacio, dottrina ufficiale della chiesa di Persia e pochi anni dopo, nel 498, tutta la gerarchia persiana decise di rompere i contatti con la chiesa bizantina, accusata di monofisismo, e si autoproclamò, per contrapposizione, Chiesa autocefala.

Dal VI al XII secolo la chiesa Siro-Orientale conobbe un periodo di notevole espansione: questa giovane chiesa si caratterizzò fin dal suo nascere per il suo slancio missionario, che la portò a raggiungere l'India e più tardi la Cina.

Potremmo dire che il consolidamento della chiesa nestoriana all'interno andò di pari passo con l'espansione missionaria all'esterno. Monaci e commercianti furono i primi banditori del Vangelo; seguirono poco dopo vescovi e sacerdoti, che addirittura fondarono sedi vescovili indipendenti dal katholikos di Persia. Sorsero così le comunità nestoriane di Samarcanda, nel Turchestan Occidentale, del Malabar di Bombai e di Diamper, in India, di Yarkand e di Khashgar, nel Turchestan cinese, nella lonatana Cina le comunità di San Yuan, nello Shansi, di Kaifeng, nello Honan, di Nonchino e di Singanfu. L'attività missionaria raggiunse il suo apogeo sotto il katholikos Timoteo I (780-823): in questo periodo popoli interi con i loro re si convertirono al cristianesimo in varie altre regioni dell'Asia Centrale, specialmente in Mongolia.

Il periodo che si apre con il secolo XIII è di riflusso e di decadenza. Nel 1295, in seguito alla conquista della Persia da parte dei Mongoli e all'ascesa del loro sovrano sul trono degli Abbasidi, la chiesa nestoriana conobbe un breve momento di splendore, ma subito subentrò un periodo di decadenza. La caduta della dinastia mongola, che si era dimostrata favorevole ai cristiani, privò la chiesa del suo notevole appoggio e la lasciò in balia dei Turchi, che al tempo di Tamerlano (1370-1405) si vendicarono duramente dell'appoggio dato dai nestoriani ai Mongoli. In pochi anni caddero una ad una le comunità cristiane fondate dai nestoriani in Cina, Mongolia, nel Turchestan, nella regione della Transoxania, in Arabia e nella stessa Persia. Nel clima di persecuzione il katholikos fu costretto a cambiare continuamente la sua sede, mentre molti dei suoi fedeli, non resistendo alle persecuzioni, abbracciavano la religione musulmana.

Solo a partire dal XVI secolo, sotto l'influsso di missionari latini e protestanti, parte dei fedeli nestoriani passarono al protestantesimo e al cattolicesimo; i pochi nestoriani, rimasti fedeli alla loro chiesa, si ritirarono sulle montagne del Kurdistan, dove aveva posto la sua dimora il katholikos nestoriano. Durante la prima guerra mondiale una nuova persecuzione si scatenò contro i nestoriani, con nuove uccisioni e deportazioni; lo stesso katholikos Simone XXI, eletto all'età di soli sedici anni, dovette abbandonare la sua gente; fu ucciso a tradimento nel 1918.

La Chiesa Siro-Orientale si divide in tre gruppi ben distinti.

1. Il primo gruppo è formato dalla chiesa Nestoriana che si dà il nome di «chiesa Assira d'Oriente». I suoi fedeli, che nel periodo di maggiore espansione erano 80 milioni, attualmente sono ridotti a 170.000 circa, disseminati tra l'Irak, l'Unione Sovietica, la Siria, l'Iran, l'India, gli Stati Uniti d'America, il Libano, l'Australia, la Turchia e diversi paesi occidentali. Il patriarca attuale, Mar Denkha IV, risiede a Baghdad, e, a differenza dei suoi predecessori che diventavano patriarca per successione ereditaria (da zio a nipote), egli è stato nominato katholikos degli assiri tramite l'elezione.

2. Il secondo gruppo è costituito dalla chiesa Caldea cattolica, staccatasi dalla chiesa madre nel secolo XVI, per unirsi alla chiesa di Roma; conta attualmente

850.000 fedeli, distribuiti in eparchie e vicariati patriarcali. Il patriarca porta il nome di «Patriarca di Babilonia dei Caldei» e risiede a Baghdad.

3. Il terzo Gruppo è formato dalla chiesa Siro Malabrese dell'India. Questa chiesa divenne nestoriana durante l'espansione della chiesa Siro-Orientale in Asia. Fortemente provata e latinizzata dalla colonizzazione portoghese, ebbe una storia molto travagliata. Il gruppo, staccatosi nel secolo XVII e posto sotto la giurisdizione della chiesa Siro-Occidentale di Antiochia, ha dato origine alla chiesa Siro-Malabrese, che conta tre milioni di fedeli circa, è ben organizzata e svolge azione missionaria nel continente indiano.

4. *Sviluppo della cristologia nestoriana nel corso dei secoli*

Per comprendere il periodo dopo Nestorio e il progresso della teologia, della cristologia soprattutto, di questa scuola di pensiero, bisogna necessariamente ricorrere ai pochi testi in nostro possesso e ai massimi teologi nestoriani che hanno approfondito e divulgato il pensiero cristologico del maestro.

Qui prenderò in esame gli scritti di Narsai di Edessa, di Babai il Grande e infine del katholikos Timoteo I. Vedremo che ognuno di loro tenterà di innestare il pensiero teologico nestoriano nel contesto in cui operava e soprattutto cercherà, oltre all'appoggio politico, di iniziare, grazie alla propensione fortemente missionaria, un dialogo con le altre religioni.

4.1. *Narsai: un grande esponente del nestorianesimo siriano.*

Narsai (399-503) fu dapprima allievo e poi maestro della scuola di Edessa; in questo periodo cercò di conciliare l'insegnamento con la vita monastica. Decisivo per l'indirizzo della sua esegesi fu l'incontro-studio, nella scuola teologica di Edessa, con i testi di Teodoro di Mopsuestia. Nel 457 a causa del suo orientamento esegetico fu costretto a trasferirsi a Nisibi, dove diresse la locale scuola nestoriana per oltre quarant'anni, fino alla sua morte avvenuta nel 503.

Scrisse una lunga serie di commenti sull'Antico Testamento, diverse omelie metriche e più di 360 *memre*[75] per i giorni dell'anno. Purtroppo tutto questo materiale è andato quasi completamente perduto; diverse delle sue composizioni poetiche invece sono giunte fino a noi. Inoltre egli ha dedicato diversi scritti allo studio sulla Vergine Maria avendo come base la concezione nestoriana del mistero di Cristo.

Narsai, come del resto i suoi contemporanei, nell'indagare il mistero di Cristo prima di tutto cercò di creare un legame, una continuità storica-salvifica con l'Antico Testamento e in modo particolare con l'antica alleanza che si è compiuta pienamente in Cristo; ma poi espose attraverso l'incarnazione, la sua dottrina sulla duplice natura in Gesù Cristo.

Per asserire e confermare il legame tra Cristo e l'antica promessa, ad esempio Narsai ripercorre l'infanzia di Gesù e coglie in essa alcuni elementi che gli permettono di puntualizzare tale continuità. In un suo testo leggiamo: «Essa (Maria) impose al bambino nelle sue membra il sigillo della discendenza di Abramo, affinché con questo venisse confermata la grande alleanza che i pagani stavano aspettando»[76].

Un altro esempio si ha nelle sue omelie sulla parabola evangelica delle dieci vergini (Mt 25,1-13). Questa omelia è un'interessante testimonianza di come un autore siriaco-nestoriano del V secolo leggeva e commentava i testi sacri. Nulla sappiamo però dell'uditorio a cui si rivolgeva Narsai: semplici cristiani di Edessa o di Nisibe, se fossero monaci, oppure un tipo particolare di asceti. Leggendo alcune di queste strofe si ha tuttavia l'impressione che l'autore predichi a monaci o comunque ad asceti, sia uomini sia donne. Fino ad oggi non è stata ancora pubblicata un'edizione critica di queste omelie; disponiamo solo delle riproduzione di alcuni suoi manoscritti.

L'esegesi di questo testo biblico segue una struttura ben chiara. Narsai introduce il commento con delle strofe che gli servono per attirare l'attenzione dell'uditorio; procede con una parafrasi del testo e una chiarificare tutte le

---

[75] I *memre* sono sermoni o discorsi, in prosa e in forma poetica, composti per le feste del ciclo liturgico e per i santi.

[76] *Testi mariani del primo millennio*. IV: *Padri e altri autori orientali*, p. 333-334.

difficoltà; infine si sofferma sull'utilità che tale testo può presentare. La sua analisi esegetica può essere divisa in due sezioni: a una lettura di tipo antropologico, sempre è una lettura prettamente cristologica.

All'interno della sua omelia intitolata *L'olio della misericordia* ho trovato di notevole interesse le strofe introduttive 1-3, che recitano:

> Buona è la meditazione delle parole dello Spirito che si trova nei Libri e utile la familiarità con i suoi Scritti, per colui che li medita. Utile è l'insegnamento della predicazione del regno celeste e il suo amore distribuisce beni utili a colui che lo ama. Un grande tesoro si trova nascosto nelle lettere delle sue parole e colui che (le) legge con la passione dell'amore, si arricchisce eternamente.[77]

Con queste strofe l'autore non entra direttamente nel commento della parabola, ma inizia con una riflessione sull'importanza che la Scrittura ha per il cristiano e il profitto che costui trae dall'accostarsi assiduamente ad essa. Il discepolo, come del resto ha fatto Narsai, è colui che cerca il tesoro, si mette alla scuola del maestro e si lascia guidare. Narsai, con questa introduzione, mostra al suo uditorio la necessità della lettura e della meditazione della Scrittura, fondamentale per comprendere ed entrare nel mistero di Cristo.

Poi per evitare equivoci d'interpretazione, espone così la sua professione di fede:

> Non sia mai che noi affermiamo quello che affermano senza i fede; affermiamo che tutto quello che ha attinenza con l'essenza divina è senza fine. Infatti né l'altezza né la profondità né qualsiasi altra cosa che sta in esse può scuotere l'edificio che costituisce la formula della confessione di fede della nostra anima. Non ci sia per noi altra speranza in cui gloriarci se non nella verità che il Verbo non ha subito diminuzioni per aver preso il nostro corpo. Gli esseri razionali e quelli senza parola gridino insieme a noi, con la voce e con il silenzio, che il Verbo del Padre è rimasto nella propria natura senza mutamenti.

[77] NARSAI DI EDESSA, *L'olio della misericordia: omelia sulle dieci vergini (Mt 25,1-13)*, (Testi dei Padri della Chiesa 29), a cura di M. Nin, Magnano: Monastero di Bose, Edizioni Qiqajon, 1997, p. 11.

Non fu la sua natura a cambiare e a diventare umile carne; ma egli della nostra natura ha assunto la carne e l'ha onorata con la sua natura.[78]

Se niente è cambiato di ciò che fin dall'eternità era il Verbo, allora cosa spinse il *Logos* ad entrare nella storia dell'umanità? Narsai risponde a questa domanda in questo modo: «Per sua compiacenza il Verbo del Padre si è abbassato sino a noi»[79]. In queste poche parole viene messa in evidenza la piena libertà del Verbo nel volersi incarnare e assumere un corpo umano. È piaciuto a lui diventare quell'uomo che doveva rivelare all'intera umanità il progetto salvifico del Dio dell'antica alleanza.

Infine Narsai, per respingere l'accusa che la sua cristologia era a favore di un Cristo non pienamente uomo, professa:

La sua natura è uguale a quella della Madre da cui è nato; ma egli è più elevato di lei, perché non ha preso dal seme la sua struttura corporale. Egli è interamente uomo, a causa della completezza del suo corpo e della sua anima; ma è anche Dio, perché è divenuto dimora del Dio dell'universo.[80]

Questi due teologi nestoriani cercano di confutare, attraverso l'interpretazione della Scrittura e lo studio dei testi approvati dai primi Concili, le diverse accuse che sono state attribuite loro nel corso degli anni.

Sarà un lavoro lungo che vedrà impegnati diversi teologi nestoriani; in loro soccorso verrà il dialogo ecumenico, che aiuterà la chiesa Assira d'Oriente nel cammino di accettazione e di comprensione da parte delle altre Chiese.

---

[78] *Testi mariani del primo millennio*. IV: *Padri e altri autori orientali*, p. 331.

[79] *Ivi*, p. 334.

[80] *Testi mariani del primo millennio*. IV: *Padri e altri autori orientali*, p. 334.

4.2. *Mar Babai il Grande: teologo della chiesa d'Oriente*

Babai il Grande (550-628) è ritenuto il massimo teologo nestoriano in Persia. Esercitò un influsso considerevole sugli autori successivi, i quali sovente non fecero altro che ripresentare le sue idee e le sue posizioni. Nacque in Beth Zabdai, ricevette una buona formazione teologica e abbracciò la vita monastica. Pur non avendo il titolo di patriarca, a causa dell'opposizione del re Cosroe II, per un lungo periodo di tempo resse praticamente la chiesa di Persia. Dopo la morte del re, i vescovi lo elessero ufficialmente patriarca, ma egli rifiutò la carica.

Babai fu uno scrittore fecondo, ma delle sue opere conserviamo soltanto una minima parte. Tra queste emerge il suo trattato *De Unione*, sul mistero del Verbo Incarnato, in cui espone la sua dottrina cristologica ed eucaristica. Pur non insegnando niente di nuovo rispetto a Teodoro di Mopsuestia e a Nestorio, Babai ha il merito di ribadire con una certa chiarezza le idee nestoriane, che non sempre si presentavano chiare nel dibattito cristologico di quel tempo.

La teologia della Chiesa d'Oriente è stata sintetizzata con brevità e chiarezza nel seguente *Inno di Lode* (*Teshbokhta*) composto da Mar Babai il Grande:

> Unico è Cristo, il Figlio di Dio, da tutti adorato in due Nature; nella sua Divinità, generato dal Padre, senza principio, prima del tempo; nella sua Umanità, nato da Maria, nella pienezza dei tempi, unito a un corpo. Né la sua Divinità proviene dalla natura della Madre, né la sua Umanità proviene dalla natura del Padre. Le Nature sono preservate nei loro *Qnume*[81], nell'unica Persona di un'unica condizione filiale. E come la Divinità è tre Sostanze in un'unica Natura, così la condizione filiale del Figlio è in due Nature, in un'unica Persona. Così la Santa Chiesa ha insegnato.[82]

In questa professione di fede non credo che ci siano forti differenze teologiche con le altre professioni stabilite dai concili precedenti. Anzi, in questa breve pro-

[81] *Qnuma* è parola aramaica; il termine indica, nella chiesa Assira, l'essenza della natura che la differenzia dalle altre nature. Così, ad esempio, la parola di Dio è una *qnuma* della natura divina, mentre Gesù, nato da Maria, è una *qnuma* della natura umana. *Qnuma* e natura vengono interpretati, all'interno della chiesa d'Oriente, come sinonimi.

[82] Tale inno l'ho tratto dal sito della chiesa Assira d'Oriente, www.nestorian.org.

fessione è ben chiarita la differenza dell'origine delle due nature; in essa non vi è niente che ci permetta di dichiararla in dissonanza con la fede della "Chiesa cristiana" e quindi con l'ortodossia.

All'inizio di quest'inno viene precisata l'origine di ogni natura. Tale puntualizzazione può far pensare, ad una prima lettura, che Babai stia portando avanti la tesi dei due Cristi, cioè stia affermando un'unione debole, anzi si potrebbe addirittura intendere che l'intenzione del teologo sia quella di far emergere in Cristo una divisione netta tra le due nature.

Ogni provenienza delle nature è sostenuta, anche se non in maniera esplicita, da affermazioni evangeliche. Ad esempio, quando afferma «nella sua Di-vinità, generato dal Padre, senza principio, prima del tempo», Babai dimostra di aver ben presente il prologo di Giovanni e di essere in sintonia con il credo niceno-costantinopolitano, in cui viene professata l'origine di Cristo prima del tempo. La stessa operazione è stata fatta per definire l'origine umana di Cristo.

In un altro testo Babai, per fugare il sospetto che la sua posizione sia vicina a quella di Paolo di Samosata, afferma:

> Dio il Verbo non ebbe inizio da lei (Maria); si dice infatti che egli è disceso dal cielo, ha preso un corpo e si è fatto uomo. Ma, secondo la natura, una cosa è il corpo e l'uomo, altra cosa è colui che in esso si è incarnato e si è umana [...] Pertanto, se dicesse che Maria ha generato semplicemente un uomo, Cristo verrebbe reputato un semplice uomo, come ampliamente affermato da Paolo di Samosata, e la Vergine verrebbe privata di quell'onore per cui viene chiamata benedetta fra tutte le donne. Parimenti, se venisse chiamata Madre di Dio si troverebbe che la nostra salvezza sarebbe una finzione e un'illusione, come sostenne il sacrilegio Mani e altri, i quali empiamente affermarono che Maria fu per il Verbo solo una via, come un canale, e che il Verbo di Dio in lei si è incarnato nel senso che è passato attraverso di lei, senza assumere niente di lei.[83]

[83] *Testi mariani del primo millennio*. IV: *Padri e altri autori orientali*, a cura di G. Gharib, E. M. Toniolo, L. Gambero, G. Di Nola, Roma, Città Nuova, 1991, p. 339.

Tale frammento non ha bisogno di essere spiegato né difeso. Credo sia un ottimo esempio per dire che la cristologia di questa scuola di pensiero non è per niente lontana dalla tradizione. Ribadisco che il titolo attribuito a Maria, Madre di Cristo, calato in quel preciso contesto storico, è quello che chiariva maggiormente la questione delle due nature in Cristo e che evitava ogni presa di posizione faziosa. Difatti per la cristologia nestoriana il nome Cristo significava sia la divinità sia l'umanità del Figlio in una sola persona; evidente, quindi, che con questa prima affermazione Babai ha operato un buon collegamento tra Scrittura e Tradizione.

Il passaggio decisivo, che esclude che tale inno fondi le varie accuse rivolte prima a Nestorio e poi a suoi seguaci, è quello in cui Babai asserisce: «come la Divinità è tre Sostanze in un'unica Natura, così la condizione filiale del Figlio è in due Nature, in un'unica Persona». Non solo viene accettata la teologia trinitaria affermata nei primi concili, ma su quella base trinitaria è fondata tutta la cristologia e soprattutto l'unione delle due nature in Cristo.

Questi pochi testi qui riportati rivelano anzitutto la preoccupazione di professare una fede che tenga insieme sia la propria posizione teologica sia il pensiero che i Padri avevano espresso precedentemente; dimostrano inoltre quanto Babai avesse come base vincolante la Scrittura, la quale diventa così canale che fonda le varie asserzioni teologiche.

5. *Dialogo interreligioso e dialogo ecumenico*

Grazie alla sua propensione missionaria, la chiesa Assira d'Oriente ha sviluppato al suo interno un ecumenismo (del "buon vicinato") che mirava soprattutto alla convivenza pacifica con le altre religioni. Un grande esempio di dialogo interreligioso ci è testimoniato dal katholikos Timoteo I, il quale, trovandosi in un contesto prevalentemente musulmano, ha iniziato un dialogo proficuo con tale religione.

5.1. *Timoteo I katholikos della Chiesa Nestoriana*

Nacque ad Hazza nel 728. Dopo una prima educazione ricevuta da un celebre maestro del tempo, Timoteo si formò alla vita monastica. Consacrato sacerdote e poi vescovo, divenne katholikos della chiesa nestoriana nel 780. La sua elezione a questa carica passò attraverso macchinazioni, condanne che sconvolsero l'intera chiesa. Finalmente la situazione si normalizzò e Timoteo resse il patriarcato per oltre quarant'anni, con forza e con saggezza, fino alla morte avvenuta a Bagdad, dove aveva stabilito la sua ultima residenza, nell'823.

In riferimento a questa antica sede della chiesa nestoriana, nel mese di ottobre 2011 è stato annunciato dal segretario generale della Lega Mondiale degli Assiri che l'antica comunità orientale cristiana ha deciso di riportare, dopo 40 anni, la sua sede centrale dagli Stati Uniti in Iran. Secondo l'IRIB, Bet Kelia, in occasione del ventottesimo Congresso della Lega Mondiale degli Assiri a Teheran, ha ricordato:

> Il motivo di questo trasferimento è l'attenzione del sistema della Repubblica Islamica dell'Iran alla libertà di culto e di espressione. Egli ha aggiunto: Anche gli assiri sono liberi di professare la loro religione in Iran come le altre minoranze e novanta antiche chiese assire sono state salvaguardate dall'Iran. Bet Kelia ha aggiunto: La libertà degli assiri in Iran è un esempio per gli altri paesi. Il rappresentante assiro al parlamento iraniano ha concluso: il segreto dell'eternità dell'Iran sta proprio in questa sua entità multi-culturale e multi-religiosa. La lega mondiale della Chiesa assira d'Oriente si formò nel 1968 e dopo due anni di attività in Iran si trasferì a Chicago. Dopo oltre 40 anni, ha però deciso di tornare in Iran.[84]

Timoteo I fu autore di opere scientifiche, teologiche, liturgiche e canoniche, delle quali ben poco rimane; tuttavia, una raccolta delle sue numerose lettere ci è fortunatamente pervenuta. Ovviamente in queste sue lettere traspare la sua linea prettamente nestoriana e tutti i condizionamenti derivati dalla cristologia antiochena.

---

[84] L'articolo da cui prendiamo è stato pubblicato su *Iran Italian Radio, World service Redazione Italiana* il 7 ottobre 2011.

Il consolidamento della chiesa nestoriana andò di pari passo con l'espansione missionaria e raggiunse il suo culmine sotto il katholikos Timoteo I, il quale inviò monaci e presbiteri in Asia e in modo particolare in Mongolia e in Cina; popoli interi insieme ai loro re si convertirono al cristianesimo.

Per quanto riguarda la missione in Cina vi è una lettera-testimonianza di Timoteo I: «Di questi tempi [...] il re dei Turchi con quasi tutto il suo popolo ha abbandonato l'antico errore dell'ateismo, e si è convertito al cristianesimo, grazie all'azione della grande virtù del Cristo»[85]. È interessante notare che tutta l'azione missionaria e soprattutto la sua buona riuscita non è mai correlata alla capacità dei missionari stessi, ma è tutto attribuito al Cristo, l'unico autore e promotore della missione. Inoltre, quando si parla di conversione non si allude al fatto che tale popolo abbia aderito alla fede propriamente nestoriana, ma si sia convertito innanzitutto a Cristo e quindi al cristianesimo.

In queste missioni gli evangelizzatori diedero molta importanza all'annuncio del Vangelo e in modo particolare cercarono di far comprendere che vi era una unità tra Antico e Nuovo Testamento, tra le profezie antiche e Cristo. In queste terre i missionari s'incontravano spesso anche con i musulmani; difatti è stata una delle prime chiese che ha iniziato, con questa religione, un dialogo interessante su temi prettamente religiosi e sociali.

Un esempio di questi dialoghi con i musulmani è il *Dialogo* con il califfo al-Mahdî (che regna dal 775 al 785), uomo di cultura tollerante e di spirito di conciliazione religiosa. In questo *Dialogo* sono affrontati tutti i temi della controversia classica; vi si precisano nei dettagli la divinità di Gesù, il mistero della Trinità, la circoncisione e il battesimo, i ruoli di Gesù e di Maometto, il quale «ha seguito la via dei profeti». Nel medesimo quadro apologetico s'inscrivono ugualmente 'Annâr al Basrî (800-850 circa), anch'egli nestoriano, il quale elaborò un'intera teologia cristiana in lingua araba, espressa tutta nel suo *Libro delle domande e delle risposte*.

L'avvento dell'Islam fu visto piuttosto positivamente dalla chiesa Assira d'Oriente, mentre dalle altre Chiese giunse una dura condanna. Anche più tardi, il

[85] *Storia di Mar Yahballaha e di Rabban Sauma. Cronaca siriaca del XIV secolo*, a cura di Pier Giorgio Barbone, Milano, Feltrinelli, 2009, p. 41.

katholikos Timoteo I arrivò a sostenere che preferiva il dominio musulmano a quello bizantino, considerato eretico.

> Da noi c'è mai stato un re cristiano, ma prima i magi (Persiani), per quattrocento anni e più, poi i musulmani. Entrambi non hanno fatto nulla per aggiungere né togliere alcunché dalla nostra fede, ma si sono dimostrati solleciti affinché non fosse sradicata, soprattutto i re benedetti dei musulmani, che mai ci hanno costretti riguardo a questioni religiose.[86]

Queste affermazioni possono sembrare espressioni di circostanza o diplomatiche, quasi per tenere buono il "padrone mussulmano". Invece, a mio parare, si evince da questo frammento e da altri che in queste terre vi era una certa elasticità nell'accettare le altre religioni, a condizione che queste però pagassero le tasse all'imperatore. Credo che queste esperienze propriamente ecumeniche abbiano permesso alla Chiesa Assira d'Oriente di sviluppare una propensione al dialogo interreligioso, che aveva come unico scopo la pacifica convivenza tra le religioni e non una conversione di massa forzata.

5.2. *L'ecumenismo come via di riscatto per la cristologia nestoriana*

Nestorio non era poi così eretico. Come si è arrivati a questa convinzione? Come è interpretata oggi la cristologia nestoriana? È ancora tutta rigettata? Che rapporto vi è con la piccola Chiesa Assira d'Oriente? Tra la chiesa di Roma e quella Assira d'Oriente è iniziato un dialogo ecumenico?

Una prima risposta alla domanda se quelle accuse-condanne furono completamente giuste, e se queste oggi hanno la stessa validità di allora, ci è suggerita dalla *Dichiarazione comune circa la Cristologia tra la Chiesa Cattolica e la Chiesa Assira dell'Oriente*[87]. Nella *Dichiarazione comune*, firmata dal

---

[86] *Storia di Mar Yahballaha e di Rabban Sauma. Cronaca siriaca del XIV secolo*, a cura di Pier Giorgio Barbone, p. 38.

[87] CHIESA CATTOLICA CHIESA e ASSIRA DELL'ORIENTE, *Dichiarazione cristologica comune*, in *Enchiridion Oecumenicum*, 3, cur. G. Ceretti e J. Puglisi, Bologna, EDB, 1995, pp. 345-348.

katholikos Mar Dinkha e da Giovanni Paolo II a Roma l'11 novembre 1994, si afferma l'unità della fede tra le due Chiese, e si riconosce che l'origine della divisione fu dovuta a malintesi:

> «Tale è l'unica fede che noi professiamo nel mistero di Cristo. Le controversie del passato hanno condotto ad anatemi pronunciati nei confronti di persone o di formule. Lo Spirito del Signore ci accorda di comprendere meglio oggi che le divisioni così verificatesi erano in larga parte dovute a malintesi».

Questa piccola ma significativa apertura tra le Chiese ha portato al superamento di tutte le condanne? Il decreto conciliare *Unitatis Redintegratio* aveva già riconosciuto le differenze legittime in seno alla Chiesa nelle considerazioni specifiche relative alle Chiese orientali (capitolo III, par. 14-18).

Per quanto concerne il carattere particolare degli orientali riguardo alle questioni dottrinali, vi si legge al n° 17:

> Circa la legittima diversità [in materia di culto e di disciplina] piace dichiararlo pure della diversa enunciazione teologica delle dottrine. Poiché nell'indagare la verità rivelata in oriente e in occidente furono usati metodi e prospettive diversi per giungere alla conoscenza e alla proclamazione delle cose divine. Non fa quindi meraviglia che alcuni aspetti del mistero rivelato siano talvolta percepiti in modo più adatto e posti in miglior luce dall'uno che non dall'altro, cosicché si può dire che quelle varie formule teologiche non di rado si completino, piuttosto che opporsi. Per ciò che riguarda le autentiche tradizioni teologiche degli orientali, bisogna riconoscere che esse sono eccellentemente radicate nella sacra scrittura, sono coltivate ed espresse dalla vita liturgica, sono nutrite dalla viva tradizione apostolica, dagli scritti dei padri e dagli scrittori ascetici orientali e tendono a una retta impostazione della vita, anzi alla piena contemplazione della verità cristiana.[88]

[88] CONCILIO VATICANO II, Decreto su l'ecumenismo *Unitatis redintegratio*, cap. III, par. 17, in *Enchiridion Vaticanum. Documenti. Il Concilio Vaticano II*, a cura del Centro Dehoniano, Bo-logna, EDB, 1971^9, pp. 313-315.

Credo che quest'affermazione non escluda la cristologia di Nestorio, né si può asserire che tale cristologia non abbia come riferimento la Scrittura e la tradizione della propria chiesa. Dal lavoro originale di Nestorio, ovvero quello di armonizzare insieme Scrittura e *traditio fidei*, è scaturita una "teologia occasionale", cioè, una teologia che rispondeva e si faceva carico delle esigenze particolari e concrete della propria chiesa, senza però distaccarsi dalla base (Scrittura e Credo di Nicea).

Ad esempio, per la questione del titolo da attribuire a Maria, tutto era nato da una diatriba interna alla chiesa di Costantinopoli e non da una messa in discussione puramente teologica da parte del patriarca; difatti vi leggiamo: «Subito dopo il nostro arrivo, abbiamo trovato qui alcuni membri della chiesa che erano implicati tra loro in turbolenti litigi»[89]. La denominazione Madre di Cristo non è stata frutto di studi teologici-mariologici – questo sarà fatto in seguito –, ma è stata una scelta sostanzialmente di compromesso.
Compromesso non significava infondatezza biblica o ignoranza della Tradizione, ma ribadire un concetto teologico con una terminologia differente e più vicina alla pietà e alla sensibilità di una determinata chiesa.

Una prova lampante di compromesso è avvenuto nel concilio di Calcedonia tra la posizione nestoriana e quella monofisita. Nestorio, come abbiamo constatato, ha parlato di Cristo come una persona *(prosopon)* in due nature *(physis)*, umana e divina; mentre i monofisiti hanno parlato di Cristo come una persona (*ipostasi*) in due nature (*physis*), Dio e uomo. Calcedonia, in riferimento a Cristo, parla di lui come una persona (*ipostasi*) in due nature (*physis)* e tale scelta mette insieme le due posizioni rivali, nestoriana e monofisita. È interessante la dichiarazione che i vescovi nestoriani fecero nel Sinodo del 612:

> C'è un legame meraviglioso e l'unione indissolubile tra la natura umana, che è stata assunta, e la Parola di Dio che l'ha assunta, una unione esistente fin dal primo momento della concezione. Questo ci insegna a riconoscere una sola Persona *(prosopa)*, il nostro Salvatore Gesù Cristo, Figlio di Dio, generato nella natura della sua divinità dal Padre

[89] Citazione ripresa da A. Grillmeier, *Gesù il Cristo nella fede della chiesa*, I/1, Brescia, Paideia, 1982, p. 828.

prima di tutti secoli, senza inizio, e nati alla fine nella natura umana dalla Vergine santa, la figlia di David.

Ieri, a differenza di oggi, l'avvicinamento o il dialogo tra le Chiese era concepito come un rinnegare la propria *traditio fidei* e latinizzare tutta la prassi e la teologia. All'epoca della prima unione dei nestoriani con Roma (7 agosto 1445, al Concilio di Firenze), il metropolita dei caldei di Cipro Timoteo faceva la seguente professione di fede:

> Io Timoteo, arcivescovo di Tarso, metropolita dei Caldei di Cipro, prometto per me e per tutti i miei popoli e mi impegno solennemente dinanzi a Dio immortale, Padre, Figlio e Spirito santo, e dinanzi a te, santissimo e beatissimo padre, Papa Eugenio IV papa, e a questa santissima apostolica sede e a questa santa e venerabile congregazione, che per l'avvenire sarò sempre sotto la tua obbedienza, dei tuoi successori e della sacrosanta chiesa romana, in quanto unica madre e capo di tutte le altre [...] che in avvenire crederò sempre ed approverò due nature, due volontà, una ipostasi e due operazioni in Cristo [...] Che in avvenire, riterrò, confesserò, predicherò e insegnerò sempre tutto ciò che ritiene, confessa, insegna e predica la sacrosanta chiesa romana; e che tutto quello che essa riprova, anatematizza e condanna, lo riprovo, lo anatematizzo e lo condanno anch'io e lo riproverò e lo anatematizzerò lo condannerò sempre anche in futuro, specialmente le empietà e le bestemmie dell'inquisissimo eresiarca Nestorio, ed ogni altra eresia, che si manifesti contro questa santa, cattolica e apostolica Chiesa.[90]

Questo è uno degli esempi del fenomeno dell'uniatismo, cioè di quella parte di Chiesa che si distacca dalla Chiesa di appartenenza e si unisce a Roma. Tale unione prevedeva un cambiamento sostanziale e quindi un abbandono, anche se non completo, della propria teologia e delle proprie tradizioni.

Il fenomeno dell'uniatismo fu nel 1552, dove parte della Chiesa dell'Oriente entrò in piena comunione con la Sede Apostolica di Roma. Da quell'epoca, la

---

[90] CONCILIO DI BASILEA, FERRARA, FIRENZE, ROMA (1431-1445), Sess. XIV (7 agosto 1445), *Bolla di unione dei Caldei e dei Maroniti di Cipro*, in *Decisioni dei Concili ecumenici*, a cura di G. Alberigo, Torino, UTET, 1979, pp. 514-515.

chiesa particolare in piena comunione con Roma è stata comunemente chiamata «chiesa caldea», mentre l'altra Chiesa particolare è stata definita «chiesa Assira dell'Oriente». Entrambe, però, queste chiese continuano a condividere, in parte, la tradizione teologica, liturgica e spirituale. Esse, in effetti, celebrano i sacramenti secondo la tradizione siriaca orientale.

Dal 1445 al 1996 quanta strada è stata percorsa? La *Dichiarazione comune circa la Cristologia tra la Chiesa Cattolica e la Chiesa Assira dell'Oriente* è il primo passo ufficiale che ha stabilito un riconoscimento reciproco tra Oriente e Occidente e in modo particolare tra la chiesa di Roma e quella Assira dell'Oriente. Ormai tra queste due Chiese si apre una nuova pagina di dialogo e di collaborazione che, dalla firma di tale *Dichiarazione* (1994), hanno superato quelle questioni teologiche che per secoli le avevano separate. Il testo della *Dichiarazione* riveste grande importanza teologica, politica e confessionale, poiché mette fine a controversie cristologiche che hanno lacerato la cristianità per 1500 anni, dal concilio di Efeso (431).

Ma ciò che è veramente importante in questa *Dichiarazione* è che è stato sancito il superamento di quelle false interpretazioni (dei due Figli o Cristi, del termine *Christotokos*, di essere in dissonanza con i Concili e con i Padri, d'insegnare un'altra fede del mistero dell'Incarnazione ecc.) che portarono alla condanna di Nestorio e della sua cristologia:

> Quali eredi e custodi della fede ricevuta dagli Apostoli, così come essa è stata formulata dai nostri Padri comuni nel Simbolo di Nicea [...] Noi riconosciamo la legittimità e l'esattezza di queste espressioni della stessa fede e rispettiamo la preferenza che ciascuna Chiesa dà ad esse nella sua vita liturgica e nella sua pietà.[91]

Eppure, Nestorio più volte ribadì nei suoi interventi pubblici (omelie) il suo discostarsi dall'accusa di aver predicato o insegnato nella sua Chiesa la dottrina dei due Cristi.

---

[91] Chiesa Cattolica Chiesa e Assira dell'Oriente, *Dichiarazione cristologica comune*, in *Enchiridion Oecumenicum*, 3, p. 345.

Cristo è indivisibile in quanto Cristo, è duplice nell'essere Dio e nell'esser uomo. Nel prosopon del Figlio egli è uno solo, ma, come nel caso dei due occhi, è separato secondo le nature dell'umanità e della divinità. Noi infatti non riconosciamo due cristi o due figli o unigeniti o signori, non uno e un altro figlio, non un primo e un nuovo unigenito, non un primo e un secondo Cristo, ma solo e medesimo, veduto nella natura creata e increata.[92]

È vero che Nestorio non esita a rinunciare all'espressione "uno e un altro" in favore di "uno solo e medesimo"; si può però meglio comprendere il suo prezioso ed innovativo contributo metodologico – già introdotto dai padri Cappadoci e da Teodoro di Mopsuestia, recepito poi anche da Calcedonia: l'unità in Cristo va individuata a livello del *prosopon*, mentre la distinzione si colloca sul piano delle nature.

Anche nella controversia tra Cirillo e Nestorio abbiamo potuto notare che, per la comprensione della persona di Cristo, Nestorio aveva in comune con i suoi avversari il punto di partenza: il simbolo di Nicea. Questo simbolo è la base sulla quale, sia il Papa sia il katholikos, hanno fondato la loro riflessione cristologica. Ulteriormente nella *Dichiarazione* troviamo, a testimonianza del superamento delle antiche condanne, l'esplicita affermazione sulla spinosa questione mariana:

Alla luce di questa stessa fede, la tradizione cattolica si rivolge alla Vergine Maria quale "Madre di Dio" e anche quale "Madre di Cristo". Noi riconosciamo la legittimità e l'esattezza di queste espressioni della stessa fede e rispettiamo la preferenza che ciascuna Chiesa dà ad esse nella sua vita liturgica e nella sua pietà. Tale è l'unica fede che noi professiamo nel mistero di Cristo.[93]

Nel testo riportato è inserito in toto ciò che da sempre Nestorio asseriva riguardo al titolo da attribuire a Maria; egli dichiarava:

---

[92] NESTORIO, *Omelia su Matteo 22,2ss.* (frammento in siriaco), in *Cristologia*. I. *Dagli inizi al periodo tardo-antico*, a cura di K.-H. Ohlig , Brescia, Queriniana, 1993, pp. 215-216.

[93] CHIESA CATTOLICA CHIESA e ASSIRA DELL'ORIENTE, *Dichiarazione cristologica comune*, in *Enchiridion Oecumenicum*, 3, p. 346.

> Ha dunque Dio una madre? Allora sono da scusare i pagani, quando attribuiscono delle madri agli dei. Ebbene, no, mio caro, Maria non generò Dio – quanto è nato dalla carne è carne – la creatura non generò colui che non può essere creato, ma partorì l'uomo, l'organo della divinità.[94]

È interessante che anche nella *Dichiarazione cristologica comune* sia ribadita da ambo le Chiese l'importanza di legare l'incarnazione del Verbo con l'economia della salvezza. Tale interesse teologico unisce ancora di più nella ricerca il pensiero teologico Orientale e quello Occidentale.

> Il mistero dell'Incarnazione che noi professiamo insieme non è una verità astratta ed isolata. Esso riguarda il Figlio di Dio inviato per salvarci. L'economia della salvezza, che ha la sua origine nel mistero della comunione della Santa Trinità – Padre, Figlio e Spirito Santo –, è portata a compimento attraverso la partecipazione a questa comunione, secondo la grazia, nella Chiesa una, santa, cattolica e apostolica, Popolo di Dio, Corpo di Cristo e Tempio dello Spirito.[95]

Perciò la cristologia di Nestorio non è stata del tutto rifiutata dalla chiesa di Roma, anzi è stata dichiarata legittima e conforme alla fede in Cristo. Di per sé tale asserzione è espressa nella prima parte della *Dichiarazione cristologica comune*: «Essi possono, d'ora in poi, proclamare insieme davanti al mondo la loro fede comune nel mistero dell'Incarnazione»[96]. Se le due Chiese insieme possono annunciare la stessa fede, significa che oltre a credere nell'unico Cristo, le loro teologie hanno in comune quegli elementi significativi che permettono loro di proclamare, anche se con termini differenti, lo stesso *Kerygma*. Confessando insieme un solo Signore Gesù Cristo, una sola persona in due nature e, inoltre, la stessa fede nei sacramenti, possono riconoscersi come Chiese sorelle, chiamate

---

[94] NESTORIO, *Omelia su Matteo 22,2ss.* (frammento in siriaco), in *Cristologia*. I. *Dagli inizi al periodo tardo-antico*, a cura di K.-H. Ohlig, pp. 214-215.

[95] CHIESA CATTOLICA CHIESA e ASSIRA DELL'ORIENTE, *Dichiarazione cristologica comune*, in *Enchiridion Oecumenicum*, 3, p. 347.

[96] CHIESA CATTOLICA CHIESA e ASSIRA DELL'ORIENTE, *Dichiarazione cristologica comune*, in *Enchiridion Oecumenicum*, 3, p. 345.

già ora a testimoniare in comune la fede in Cristo. Inoltre, esse s'impegnano a superare gli ostacoli che ancora rimangono sul cammino verso la piena comunione ecclesiale.

> Vivendo di questa fede e di questi sacramenti, le Chiese cattoliche particolari e le Chiese assire particolari possono, di conseguenza, riconoscersi reciprocamente come Chiese sorelle. Per essere piena e totale, la comunione presuppone l'unanimità per quanto riguarda il contenuto della fede, i sacramenti e la costituzione della Chiesa. Tuttavia, la profonda comunione spirituale nella fede e la reciproca fiducia che già esistono tra le nostre Chiese, ci autorizzano d'ora in poi a considerare come sia possibile testimoniare insieme il messaggio evangelico e collaborare in particolari situazioni pastorali, tra le quali, e in modo speciale, nel campo della catechesi e della formazione dei futuri sacerdoti.[97]

L'affermazione Chiese sorelle sancisce un superamento non di lieve conto né scontato, esso è frutto di un lungo e faticoso cammino. Difatti fino alla pubblicazione di questo documento la chiesa di Roma considerava la teologia nestoriana, e quindi di conseguenza la chiesa Assira, eterodossa.

Nel 1931 fu firmata a Roma da Papa Pio XI un'enciclica dal titolo "*Lux Veritatis*", scritta in occasione del XV centenario del concilio di Efeso, nella quale veniva riaffermato che la teologia di Nestorio era da considerarsi non conforme al Vangelo e alla dottrina della Chiesa.

Ancora, nel 1951 Papa Pio XII emanò, in occasione del XV centenario del concilio di Calcedonia, un'enciclica dal titolo "*Sempiternus rex Christus*", in cui veniva ribadita l'ereticità della dottrina nestoriana.

Riporto qui alcuni tratti dell'enciclica *Lux Veritatis:*

> Come è universalmente risaputo, autore di tutta la controversia fu Nestorio; non però nel senso che la nuova dottrina sia sbocciata tutta dal suo ingegno e dal suo studio, avendola egli certamente derivata da Teodoro, vescovo di Mopsuestia; ma egli, svolgendola poscia con maggiore ampiezza, e rimessala a nuovo con una certa apparenza di originalità, si

[97] *Ivi*, p. 347.

diede a predicarla e a divulgarla con ogni mezzo con grande apparato di parole e di sentenze, dotato com'era di facondia singolare. Questi empi dogmi, predicati non più nell'oscurità del segreto da un uomo privato, ma apertamente in pubblico dallo stesso Vescovo di Costantinopoli, produssero negli animi, massime nella Chiesa orientale, una gravissima perturbazione. E fra gli oppositori dell'eresia nestoriana, che non mancarono nemmeno nella capitale dell'Impero di Oriente, tiene certamente il primo posto quell'uomo santo e vindice della cattolica integrità che fu Cirillo, Patriarca di Alessandria[98].

Mentre l'enciclica *"Sempiternus rex Christus",* oltre ad affermare l'importanza del primato del Romano Pontefice, e quindi l'unità della Chiesa attorno all'unico pastore (il Papa), in essa viene attestata la condanna da parte della chiesa di Roma a Nestorio e alla sua dottrina.

Ma se si considerano attentamente questo avvenimento e le sue circostanze, due punti chiaramente emergono, che Noi vogliamo, quant'è possibile, mettere in luce: cioè il primato del romano pontefice, che rifulse manifestamente dalla gravissima controversia di fede cristologica, e la grandissima importanza della definizione dogmatica del concilio di Calcedonia. Al primato del pontefice romano rendano senza esitazione il debito omaggio riverente, seguendo l'esempio e le orme dei loro padri, coloro che, per la malvagità dei tempi, specialmente nei paesi orientali, sono separati dal seno e dall'unità della chiesa; questa dottrina, guardando all'interno del mistero di Cristo con più puro intuito della mente, accolgano finalmente intera quelli che sono irretiti negli errori di Nestorio e di Eutiche; e la stessa dottrina considerino con più profonda aderenza al vero coloro che, animati da esagerato desiderio di novità, osano scardinare in qualche modo i termini legittimi e inviolabili, quando scrutano il mistero con cui siamo stati redenti[99].

Ho riportato queste due encicliche solo per riaffermare l'importanza che avuto per la chiesa Assira il dialogo ecumenico. Solo in esso la chiesa Assira ha potuto iniziare il suo vero ed efficace cammino di riscatto.

---

[98] PIO XI, *Lettera Enciclica Lux Veritatis*, data in Roma il 25 dicembre 1931.

[99] PIO XII, *Lettera Enciclica Sempiternus rex Christus*, data in Roma l'8 dicembre 1951.

Affinché questo cammino di riavvicinamento tra le due Chiese fosse maggiormente efficace, la chiesa Assira e quella di Roma hanno costituito una Commissione mista per il dialogo teologico.

> Rendendo grazia a Dio che ci ha concesso di riscoprire ciò che già ci unisce nella fede e nei sacramenti, ci impegniamo a fare tutto il possibile per rimuovere quegli ostacoli del passato che impediscono ancora il raggiungimento della piena comunione tra le nostre Chiese, per poter rispondere meglio all'appello del Signore per l'unità dei suoi discepoli, una unità che deve essere evidentemente espressa in modo visibile. Per superare tali ostacoli, costituiamo un comitato misto per il dialogo teologico tra la Chiesa Cattolica e la Chiesa assira dell'Oriente»[100]

Altro notevole passo di ravvicinamento alla chiesa di Roma è stato promosso dalla chiesa Assira d'Oriente con la chiesa Caldea. Il 29 novembre del 1996, il patriarca Mar Rapael Bidawind e il patriarca Mar Dinkha IV hanno firmato un elenco di proposte comuni nell'intento di pervenire al ristabilimento della piena unità ecclesiale fra le due eredi storiche dell'antica chiesa d'Oriente. Il 15 agosto 1997 i Sinodi delle due Chiese hanno approvato tale programma e l'hanno confermato con un decreto sinodale congiunto, che ha come scopo quello di promuovere un progressivo ristabilimento della loro unità ecclesiale iniziato in parte in campo liturgico.

La *Congregazione per le Chiese Orientali* e il *Pontificio Consiglio per la Promozione dell'Unità dei Cristiani* incoraggiò tale processo. Ulteriormente importante fu la decisione che le due Chiese presero per quanto riguardava la prassi liturgica: fu avviata una richiesta per l'ammissione all'Eucarestia fra la chiesa Assira e quella Caldea.

L'introduzione all'*orientamento* chiarisce il motivo di questa richiesta:

> Data la situazione di grande indigenza di molti fedeli caldei e assiri, nei loro paesi d'origine e nella diaspora, la quale impedisce a molti di loro una normale vita sacra-

---

[100] Chiesa Cattolica Chiesa e Assira dell'Oriente, *Dichiarazione cristologica comune*, in *Enchiridion Oecumenicum*, 3, p. 348.

mentale secondo la propria tradizione, e nel contesto ecumenico del dialogo bilaterale fra la Chiesa cattolica e la Chiesa assira dell'Oriente, è stato richiesto di disporre per l'ammissione all'Eucarestia fra la Chiesa caldea e la Chiesa assira dell'Oriente.[101]

Altro motivo che spinse le due Chiese a riflettere sulle necessità pastorali fu il ravvicinamento ecumenico iniziato nel 1994 tra Roma e gli Assiri dell'Oriente con la *Dichiarazione cristologica comune*.

> La richiesta è anche connessa all'attuale processo di riavvicinamento ecumenico in atto fra la chiesa cattolica e la Chiesa assira dell'Oriente. Con la Dichiarazione comune cristologica [...] è stato risolto il principale problema dogmatico fra la Chiesa cattolica e la Chiesa assira dell'Oriente. Di conseguenza anche il riavvicinamento ecumenico fra la Chiesa caldea e la Chiesa assira dell'Oriente è pervenuto ad una ulteriore fase di sviluppo. Il 29 novembre del 1996, il patriarca Mar Rapael Bidawind e il patriarca Mar Dinkha IV hanno firmato un elenco di proposte comuni nell'intento di pervenire al ristabilimento della piena unità ecclesiale fra le due eredi storiche dell'antica Chiesa dell'Oriente.[102]

La Chiesa cattolica mostrò, purtroppo, sin dall'inizio una perplessità legittima, legata alla validità dell'Eucarestia celebrata con l'Anafora di Addai e Mari, una delle tre anafore tradizionalmente in uso nella chiesa Assira d'Oriente. Anche *nell'orientamento* viene evidenziato tale problema: «La principale questione per la Chiesa cattolica nei riguardi dell'accoglimento della richiesta, si riferiva al problema della validità dell'Eucarestia celebrata con l'anafora di Addai e Mari»[103].

Tale anafora è singolare, poiché è senza il racconto dell'Istituzione, fondamentale invece per la chiesa cattolica, che ha condotto un lungo e accurato studio

---

[101] PONTIFICIO CONSIGLIO PER LA PROMOZIONE DELL'UNITÀ DEI CRISTIANI, *Orientamenti per l'ammissione all'Eucarestia fra la Chiesa caldea e la Chiesa assira dell'Oriente* (ottobre 2001), in L'Osservatore Romano (26 ottobre 2001).

[102] PONTIFICIO CONSIGLIO PER LA PROMOZIONE DELL'UNITÀ DEI CRISTIANI, *Orientamenti per l'ammissione all'Eucarestia fra la Chiesa caldea e la Chiesa assira dell'Oriente* (ottobre 2001), in L'Osservatore Romano (26 ottobre 2001).

[103] *Ivi*.

sull'anafora di Addai e Mari da un punto di vista storico, liturgico e teologico, al termine del quale, il 17 gennaio 2001, la *Congregazione per la Dottrina della Fede* è giunta alla conclusione che essa può essere considerata valida. La conclusione a cui si è giunti si basa su tre principali argomenti:

> In primo luogo, l'Anafora di Addai e Mari è una delle più antiche anafore, risalente ai primordi della Chiesa. Essa fu composta e adoperata con il chiaro intento di celebrare l'Eucaristia in piena continuità con l'Ultima Cena e secondo l'intenzione della Chiesa. La sua validità non è mai stata ufficialmente confutata, né nell'Oriente né nell'Occidente cristiano.
> In secondo luogo, la Chiesa cattolica riconosce la Chiesa assira dell'Oriente come autentica Chiesa particolare, fondata sulla fede ortodossa e sulla successione apostolica. La Chiesa assira dell'Oriente ha anche preservato la piena fede eucaristica nella presenza di nostro Signore sotto le specie del pane e del vino e nel carattere sacrificale dell'Eucaristia. Pertanto, nella Chiesa assira dell'Oriente, sebbene essa non sia in piena comunione con la Chiesa cattolica, si trovano «*veri sacramenti, soprattutto, in forza della successione apostolica, il sacerdozio e l'Eucaristia*» (*Unitatis redintegratio*, n. 15).
> Infine, le parole dell'Istituzione Eucaristica sono di fatto presenti nell'Anafora di Addai e Mari, non in modo narrativo coerente e *ad litteram*, ma in modo eucologico e disseminato, vale a dire che esse sono integrate in preghiere successive di rendimento di grazie, lode e intercessione. Infine, le parole dell'Istituzione Eucaristica sono di fatto presenti nell'Anafora di Addai e Mari, non in modo narrativo coerente e *ad litteram*, ma in modo eucologico e disseminato, vale a dire che esse sono integrate in preghiere successive di rendimento di grazie, lode e intercessione.[104]

La conoscenza e il confronto con le altre formazioni sociali e con le altre aggregazioni religiose aiuta le stesse Chiese a cogliere lo specifico dell'esperienza cristiana. Il divenire delle configurazioni storiche secondo le quali la Chiesa si è sviluppata e il correlato mutamento teologico e liturgico con le quali si è espressa

---

[104] Pontificio Consiglio per la Promozione dell'Unità dei Cristiani, *Orientamenti per l'ammissione all'Eucarestia fra la Chiesa caldea e la Chiesa assira dell'Oriente* (ottobre 2001), in L'Osservatore Romano (26 ottobre 2001).

nel corso dei secoli non appaiano più elementi accidentali, accessori o limiti, ma indicativi di un'identità particolare di vivere e comprendere il mistero di Cristo.

CONCLUSIONE

All'interno del quadro dei grandi Concili succedutisi dal IV all'VIII secolo, ha preso forma la nuova figura del dogma cristologico, quale espressione inculturata e storicizzata del *Kerygma* del Nuovo Testamento.

L'autentica fede in Gesù Cristo trasmessa dagli apostoli si è espressa nel linguaggio teologico dei Padri della Chiesa, in dialogo critico con le tendenze eterodosse, fino poi ad assumere il carattere vincolante proprio delle definizioni conciliari. Ne è risultato un'immagine di Cristo complessa, prevalentemente ontologica anche se pur con tratti soteriologici. Maggiore attenzione è stata data all'essere del Verbo incarnato e in modo particolare alla grande questione delle due nature. Il *Kerygma Christi* dell'età apostolica e post-apostolica viene così espresso in un dogma formulato in termini ellenistici. Questo faticoso processo di dogmatizzazione ha visto impegnati diversi Padri, teologi e laici, che attraverso la loro riflessione hanno cercato di esprimere al meglio il mistero di Cristo.

Tale cammino di ricerca è stato segnato anche da fattori socio–politici che, in alcuni momenti, sono stati effettivamente decisivi. Il sostrato filosofico, culturale, politico e nazionale ha guidato i Padri nel loro cammino di ricerca teologica. Infatti, abbiamo costatato che le due scuole di pensiero, alessandrina ed antiochena, hanno avviato una riflessione teologica, partendo non solo dalla Scrittura, ma anche dalla filosofia e dalla tradizione locale. Questo mi fa asserire che i Padri, e anche Nestorio, non erano uomini sradicati dal contesto socio-culturale in cui vivevano, anzi, sollecitatati da quest'ultimo, hanno avviato ognuno, in modo differente, un proprio pensiero teologico, che in alcuni casi corrispondeva al *sensus fidei* della loro Chiesa, e in altri momenti, alle sole ambizioni personali.

Questa piccola ricerca non ha la pretesa di essere un esaustivo lavoro scientifico o un *novum* nell'esame su Nestorio, semplicemente tenta di mettere in evidenza, anche se in modo sintetico, attraverso i testi propri di Nestorio, dei Padri e dei Concili, il cammino travagliato e la passione che essi avevano verso la persona di Cristo.

A mio modesto parere, questa passione e questo desiderio erano vivi non solo in quei Padri, come Cirillo, considerati giusti e ortodossi, ma anche in Nestorio che, sollecitato dalla sua gente, ha avviato una ricerca sul mistero di Cristo a partire dalla base, dalla "fede comune". Nestorio poteva benissimo accettare con un'ossequiosa obbedienza quello che la Chiesa d'Alessandria e di Roma gli imponevano; tuttavia, convinto di non essere nell'errore e contro la fede in Cristo, e lo testimonia il suo *Liber Heraclidis*, egli sentiva di aver affermato e agito non contro la Chiesa e il suo Credo, ma a favore di essa. Anzi il suo unico scopo era quello di rispondere insieme alla sua Chiesa all'interrogativo: chi è veramente Gesù Cristo?

Certamente Nestorio, come Cirillo, non ha agito solo per amore verso la sua Chiesa, ma anche per interessi personali; questo non significa, che oggi, con il fatto che siano passati secoli, Nestorio debba essere ancora definito eretico e un "Giuda", perché ha tradito la fede che la Chiesa professava. È grazie ad alcuni dei suoi seguaci – forti della convinzione che non fosse un eretico, quindi custodi e divulgatori della sua teologia – che oggi nella chiesa Assira d'Oriente Nestorio è considerato addirittura un santo e un modello da seguire. Nonostante tutte le differenze, abbiamo constatato che gli antiocheni moderati, compreso Nestorio, e Cirillo d'Alessandria, si muovevano verso un solo e medesimo scopo: esprimere Cristo come veramente uno nella distinzione della sua divinità e della sua umanità.

Altro problema incontrato dagli studiosi era quello di chiarificare e unificare il vocabolario teologico utilizzato dai diversi Padri. Infatti i termini e gli stessi concetti di natura e di persona utilizzati dalle due scuole di pensiero non erano intesi sempre nel medesimo significato. E inoltre – a differenza di quanto potremmo essere indotti a pensare – questo lavoro teologico non si è svolto nella calma e nel silenzio di uno studio, ma nell'agitazione e nel turbinio di violente polemiche, in un contesto storico molto umano: ambizioni e rivalità personali, opposizioni teologiche, interventi dell'imperatore, sedute conciliari che degeneravano in tafferugli, deposizioni di vescovi e di presbiteri, esilii, discussioni, che portate all'estremo si erano mutate in scismi, minacciando così l'unità della fede e l'unità dell'impero.

La salvezza della chiesa Assira d'Oriente e il suo resistere nella storia, nonostante le violente persecuzioni, fu il suo slancio missionario. Forte delle sue convinzioni teologiche e spirituali, i cristiani nestoriani hanno evangelizzato e annunciato il Cristo in diverse nazioni, dove la presenza dei mussulmani e di altre religioni non cattoliche erano predominanti.

Un importante spiraglio si è aperto con l'affermarsi nella cristianità del dialogo ecumenico, che ha portato la chiesa Assira, e in particolare quella romana, a ristudiare il "caso di Nestorio". Un cammino non facile e non sempre con risultati positivi, ma sicuramente chiarificatore: la chiesa Assira deve tanto all'ecumenismo, perché le ha permesso di risentirsi parte ufficiale del mondo cristiano. Un cammino positivo è iniziato, ma la strada è ancora lunga.

Concludo questa ricerca con le parole di Bartolomeo I, le quali evidenziano la fatica e l'efficacia del cammino ecumenico, e invitano tutte le Chiese a porre la speranza in Cristo, il quale è l'unico a donare la vera unità.

> Il nostro cammino non è stato sempre facile o esente da sofferenze e sfide. Sappiamo, infatti "quanto stretta è la porta e angusta la via" (Mt. 7,14). La teologia fondamentale e i temi principali del Concilio Vaticano II - il mistero della Chiesa, la sacralità della liturgia e l'autorità del vescovo - sono difficili da applicare con pratica assidua, e si assimilano con sforzi durante tutta la vita e con l'impegno dell'intera Chiesa. Quindi la porta dovrebbe rimanere aperta per una più profonda accoglienza, un maggior impegno pastorale ed una interpretazione ecclesiale del Concilio Vaticano II sempre più approfondita. Proseguendo insieme questo cammino, offriamo grazie e gloria al Dio vivente - Padre, Figlio e Spirito Santo - perché l'assemblea stessa dei vescovi ha riconosciuto l'importanza della riflessione e del dialogo sincero tra le nostre "Chiese sorelle". Ci uniamo nella "speranza che venga rimossa la barriera tra la Chiesa d'oriente e la Chiesa d'occidente, e che si abbia finalmente una sola dimora solidamente fondata sulla pietra angolare, Cristo Gesù, il quale di entrambe farà una cosa sola" (Unitatis Redintegratio §18)[105].

---

[105] BARTOLOMEO I PATRIARCA ECUMENICO, *Discorso del Patriarca ecumenico di Costantinopoli,* tenuto in occasione del 50° anniversario del Concilio Vaticano II.

FONTI A STAMPA

ATANASIO, *L'incarnazione del Verbo*, I, a cura di E. Belloni, Roma, Città Nuova, 1990.

CIRILLO D'ALESSANDRIA, *Epistole cristologiche*, a cura di G. Lo Castro, Roma, Città nuova, 1999.

Cristologia. I. *Dagli inizi al periodo tardo-antico*, a cura di K.-H. Ohlig , Brescia, Queri-niana, 1993.

Decisioni dei Concili ecumenici, a cura di G. Alberigo, Torino, UTET, 1979

Enchiridion Oecumenicum, 3, cur. G. Ceretti e J. Puglisi, Bologna, EDB, 1995.

Enchiridion Vaticanum. Documenti. Il Concilio Vaticano II, a cura del Centro Dehoniano, Bologna, EDB, 1971[9].

FLAVIANO DI ANTIOCHIA, *Nessun Anatema, né per i vivi né per i morti!*, Magnano, Qiqajon, 1993.

NARSAI DI EDESSA, *L'olio della misericordia: omelia sulle dieci vergini (Mt 25,1-13)*, (Testi dei Padri della Chiesa 29), a cura di M. Nin, Magnano: Monastero di Bose, Edizioni Qiqajon, 1997.

NESTORIO, *Liber Heraclidis,* in L. SCIPIONI, *Ricerche sulla cristologia del "Libro di Era-clide" di Nestorio. La formulazione teologica e il suo contesto filosofico*, (Paradosis 11), Fribourg, Edizioni universitarie, 1956.

PONTIFICIO CONSIGLIO PER LA PROMOZIONE DELL'UNITÀ DEI CRISTIANI, *Orientamenti per l'ammissione all'Eucarestia fra la Chiesa caldea e la Chiesa assira dell'Oriente* (ottobre 2001), in L'Osservatore Romano (26 ottobre 2001).

PIO XI, *Lettera Enciclica Lux Veritatis*, data in Roma il 25 dicembre 1931.

PIO XII, *Lettera Enciclica Sempiternus rex Christus*, data in Roma l'8 dicembre 1951.

SOCRATE, *Historiae Ecclesisticae*, VII, 29.32.

Storia di Mar Yahballaha e di Rabban Sauma. Cronaca siriaca del XIV secolo, a cura di Pier Giorgio Barbone, Milano, Feltrinelli, 2009.

Su Cristo: il grande dibattito nel quarto secolo. Testi originali, introduzione, note e traduzio-ne a cura di E. Bellini, Milano, Jaca Book, 1978.

Testi mariani del primo millennio. IV: *Padri e altri autori orientali*, a cura di G. Gharib, E. M. Toniolo, L. Gambero, G. Di Nola, Roma, Città Nuova, 1991.

BIBLIOGRAFIA

AMANN Émile, *L'affaire Netorius vue de Rome*, in Revue de Sciences Religieuses 23 (1949) 5-37, 204-244; 24 (1950) 28-52, 235-265.

ARNOU René *«Nestorianisme et Néoplatonisme. L'unité du Crist et l'union des "Intelligi-bles"»*, in Gregorianum 17 (1933) 116-131.

—, *Nestorianisme et néoplatinisme*, in Gregorianum 17 (1936) 122-131.

BAUS Karl e Eugen EWIG, *L'epoca dei concili. La formazione del dogma. Il monachesimo. Diffusione missionaria e cristianizzazione (IV-V sec.)*, (*Storia della Chiesa*, dir. H. Jedin, II), Milano, Jaca Book, 1980[2].

BIHLMEYER KARL e Hermann TÜECHLE, *Storia della Chiesa*, I/L'Antichità cristiana, Bre-scia, Morcelliana, 2007[2].

BRÉHIER Émile, *La théorie des incorporales dans l'ancien stoïcisme*, Paris, Librairie philo-sophique J. Vrin, 1997[9].

CANTALAMESSA Raniero, *La cristologia patristica come soluzione del problema della tra-scendenza e immanenza di Dio in Cristo*, in Teologia 4 (1976) 338-354.

CICCONE Lino, *«L'affaire Nestorius vue de Rome» di Mons. E. Amann*, in Divus Thomas 51 (1951) pp. 33-50.

GRILLMEIER Alois, *Gesù il Cristo nella fede della chiesa*, I/1, Brescia, Paideia,1982.

JUGIE Martin, *Nestorius et la controverse nestorienne*, Paris, Gabriel Beauchesne, 1912.

KELLY John N. D., *Il pensiero cristiano delle origini*, Bologna, EDB, 1984.

— *I simboli di fede della Chiesa antica. Nascita, evoluzione, uso del credo*, Bologna, EDB, 2009.

LONERGAN, Bernard J. F., *Il Verbo incarnato*, Roma, Città Nuova, 2012.

OGERAU F., *Essai sur le système philosphique des stoïciens*, Paris, Félix Alcan, 1885.

QUASTEN Johannes, *Patrologia. I primi due secoli (I – II)*, Genova, Marietti, 2009.

SCIPIONI Luigi Isnardo, *Ricerche sulla cristologia del "Libro di Eraclide" di Nestorio. La formulazione teologica e il suo contesto filosofico*, (Paradosis XI), Fribourg, Edizioni universitarie, 1956.

—, Il *Verbo e la sua umanità. Annotazioni per una cristologia patristi-ca*, in Teologia 2 (1977), pp. 3-51.

SIMONETTI Manlio, *Monarchia e Trinità. Alcune osservazioni su un libro recente*, in Rivista di Storia e Letteratura religiosa 34 (1998) 623-642.

INDICE

Printed by Books on Demand GmbH, Norderstedt / Germany